JN015977

キャリア教育に活きる！

仕事ファイル

センパイに聞く

38

ライフラインの仕事

原油調達オペレーター

鉄道保線員

送電用鉄塔工事の現場監督

エネルギープラントのプロジェクトエンジニア

ネットワークインフラエンジニア

小峰書店

小峰書店 編集部 編著

㊳ ライフラインの仕事

Contents

キャリア教育に活きる！ 仕事ファイル

※この本に掲載している情報は、2023年4月現在のものです。

File No.217

原油調達オペレーター

Operator of Crude Oil Trading

ガソリン、灯油、軽油などの石油製品は、海外から輸入する「原油」からつくられています。日本ではほとんど原油を採掘できないので、輸入に頼っています。石油製品をあつかうENEOSで原油の運搬に関わる仕事をしている服部京香さんに、お話を聞きました。

用語 ※ タンカー ⇒液体を輸送する大型船のこと。原油タンカーにはポンプとパイプライン（配管）がついていて、海上の桟橋から陸上に設けた製油所に原油を揚げることができる。

原油調達オペレーターとはどんな仕事ですか？

油田から採掘したばかりの石油を原油といいます。輸入した原油を製油所で精製することで、ガソリンなどの石油製品ができます。ENEOSは国内に10か所の製油所をもち、ガソリンスタンドなどで販売される石油製品を生産しています。

原油が日本に届くまでに、大きく分けて調達と外航海運というふたつの仕事があります。調達とは、輸入国を決め、原油の質や量に問題がないかを確認し、できるだけ安い値段になるよう交渉して購入することです。日本は原油のほぼすべてを輸入に頼っています。相手国の9割以上はサウジアラビア、アラブ首長国連邦（UAE）など中東の国々です。

原油をタンカーに積んで輸入国から日本へ運ぶことを外航海運といいます。私は原油調達オペレーターとして、海運に必要な手続きや日程調整を行います。私の仕事のひとつ「検船」は、タンカーが日本の港に安全に入港し、無事に原油を製油所へ陸揚げするために、運航中のタンカーの図面や原油の積載量などを船の責任者に確認する作業です。

原油をタンカーに積む日どりや海上輸送の日程の調整も大事な仕事です。悪天候などでタンカーの到着がおくれると、製油所での作業や国内でのエネルギー供給に影響が出るかもしれません。そのため、つねにタンカーの最新情報を確認して、「運航のスピードを上げてほしい」「在庫が減っている製油所があるので、原油を陸揚げする港の順番を変更してほしい」などの連絡を各方面に行います。あまり知られていませんが、石油の安定供給をかげで支える仕事です。

服部さんのある1日

08:30 出社。原油価格の動向や世界情勢のニュースをチェックして、会社全体にレポートを配信する
▼
09:30 メール確認、担当船の運航状況確認
▼
11:00 グループ全体のミーティング
▼
12:00 ランチ
▼
13:00 オペレーションチームのミーティング
▼
14:30 海外の産油国との日程調整
▼
18:30 退社

原油を運ぶタンカー。全長が約330mもあり、東京タワーが横倒しになったくらいの大きさだ。いろいろな産油国の原油をつめあわせて運ぶことが多い。

原油調達オペレーターのいろいろな仕事

● 必要書類の手配

産油国の港では、タンカーに原油を積みこんだ際、積み数量などを記した書類が発行される。原油調達オペレーターはこれをもとに、タンカーが日本の港へ入港するのに必要な税関用の書類などを手配する。

● 産油国側との日程交渉

ひとつの船がいくつもの産油国を経由して、購入した原油を順に積んでいく。運航上、効率のよい日程を組むために、それぞれの産油国と原油を積む日取りを交渉する。

● 原油分析の手配

産油国で積みこむ原油の質に問題がないか、現地でのチェックが必要。分析を行うための手配をする。

● 検船

原油を積んだ船が安全に日本に入港できるかを検査する。例えば、積む原油の量によって船体の底から水面までの高さが変わる。そのため、入港する船の大きさや水面からの高さを船に確認し、調整を行う。

● 運航の日程管理

製油所に搬入しなければならない期限を確認し、運航中の天候によりおくれがないかなどを確認する。期限に間に合わない可能性がある場合は、運航スピードを上げるように指示する。

仕事の魅力

Q どんなところがやりがいなのですか？

ガソリンスタンドが何事もなく営業しているところを見ると、「世の人々の日常を支えているんだな」と実感します。ENEOSは石油製品の精製や販売を行う会社のなかで日本一の規模をもっているので、石油製品を国内に安定して供給することは私たちの使命だと思います。

買いつけた原油が無事に日本に到着し、各製油所で精製され、さまざまな石油製品として世の中に出まわっていることを考えると、つらいことがあってもがんばろうと思えます。

Q 仕事をする上で、大事にしていることは何ですか？

悩んだり困ったりすることがあれば、すぐにチームのメンバーや上司に相談することです。

原油調達の際には、海外の産油国（サプライヤー）や企業と取り引きを行うことがほとんどです。原油を積む日程や料金のことで、私たちオペレーターとサプライヤーの要望がぶつかることがあります。私が迷っている間に船は出港し、航路を進んでしまうので、上司に早めに相談し、決断することが大事です。また、ゆずれない要望があるときは弱腰にならず、強気で伝えることも心がけています。

Q なぜこの仕事を目指したのですか？

世の中に影響力のある仕事をしたいと思ったからです。就職活動を始めたころは、目に見える商品をつくる仕事のほうがおもしろそうだと思い、自動車や素材のメーカーに興味をもっていました。私が育った愛知県は自動車産業がさかんで車が身近な存在だったことも、理由のひとつです。

でも、いろいろな会社について調べるうちに、自動車を動かすのも化学繊維の材料となるのも、すべて石油であることに気づいたんです。社会の根幹を支える仕事に魅力を感じ、ENEOSへの入社を決めました。

ENEOSといえばガソリンスタンドのイメージがありましたが、働くうちに、原油の調達や、原油タンカーの運航を担当する仕事もあることを知りました。そこで、会社に希望を出して、入社3年目から今の仕事に就くことになりました。

©Marine Traffic

世界の海にいる原油タンカーの位置を、リアルタイムで見られるWEBサイト。緑色の粒が、タンカー1隻を表す。中東から日本までの運航日程は、20日ほどだ。

チームのメンバーと、タンカーの位置とスケジュールについて確認する。

「私たちのチームはとても仲がいいんです。それぞれの仕事の状況を共有して、助け合います」

Q 今までにどんな仕事をしましたか？

最初の２年間は、全国にあるENEOSのガソリンスタンドに関わる部署で働きました。より便利な店舗にするための計画をする部署です。消費者に近い部署で、ENEOSが世の中にもたらしている価値について知ることができました。

台風が来たときのことが印象に残っています。自然災害が起こると、道路が冠水したり、停電したりしてガソリンスタンドが営業できなくなる場合があります。そこで、社内の全部署が必要な対応をすぐにとれるよう、全国約1万2000か所のガソリンスタンドの状況を把握し、社内に発信しました。移動手段に車が必須の地域で暮らす方々にとって、ガソリンなどの石油製品は絶対に必要な燃料なので、強い責任感をもってやりとげました。

Q この仕事をするには、どんな力が必要ですか？

すばやい判断力です。例えば天候の急な悪化で運航がおくれている、トラブルがあり船が出港できなくなったなどの場合、ゆっくり考えて悩んでいる時間はありません。なぜなら、船や港を使用するのにもお金がかかっていて、原油を積んだ港からの出発が約束の時間を過ぎた場合、会社が損をするからです。そして長引けば長引くほど、多くの人の生活に影響が出てしまいます。

このような仕事なので、自分の手もとで何かをじっくりとつくりあげることが好きな人には向かないと思います。自分がすべきことをできるだけ早く行い、次の人にパスをして、次々にパスを回して進めていくのがこの仕事です。決断が早い人や、すぐにだれかに相談できる人に向いています。

Q 仕事をする上で、難しいと感じる部分はどこですか？

時差があることです。18時ごろに仕事が終わって帰ろうとすると、海外からたくさんのメールが来ることがあります。翌日に対応すると相手が帰宅する時間になってしまうので、その日に対応します。仕事の終わりが夜おそくなることもあり、つらいと感じるときがありますね。でも、海外の人の支援があって成り立つ仕事なので、仕方がないと思っています。

私のいる部署は出社する時間が決まっていないので、夜おそくまで働いたときは次の日はおそめに出社することができます。働く時間を柔軟に調整できるので、働きやすいです。

「今の部署に異動してから、長崎県の五島市に出張しました。実物の原油タンカーに乗船できたことは、大きな学びになりました」

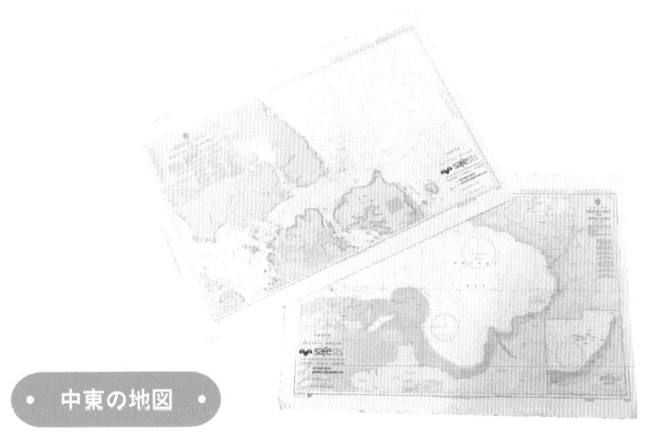

中東の地図

原油の入った置物

スマートフォン

PICKUP ITEM

スマートフォンは情報管理などのセキュリティ上の理由から、個人のものと会社のものを使い分けている。海外の担当者や社内でのやりとりには、おもにチャットを使う。また、職場には中東の地図や中東から社員が持ち帰った原油の置物が飾ってある。油田によって、原油の色や質感がちがうことがわかる。

毎日の生活と将来

Q 休みの日には何をしていますか？

まとまった休みの日には、全国各地を旅行したり、実家のある愛知県に帰省したりしています。最近では岩手県と青森県、宮城県の東北エリアを鉄道でめぐりました。会社の創立記念日を利用し、三連休を有意義に過ごせました。

また、昔からディズニーリゾートが好きです。今でも2か月に1回くらい遊びに行っています。ENEOSがスポンサーになっている船を使ったアトラクションに、よく乗っています。

「山の上にある神社にお参りしました。汗をかいたあとに見晴らしのいい場所でのんびりするのは、最高ですね」

「左が双子の姉で、右が私です。実家は自然豊かな地域なので、たまに帰るとのんびりした気持ちになれます」

Q ふだんの生活で気をつけていることはありますか？

仕事の日と休みの日の気持ちを、しっかりと切りかえることです。船は海上をつねに動いているので、トラブルが起きたときは勤務時間外や休みの日でも電話やメールが来ることがあり、気をぬけません。けれど、いつも仕事のことを考えていると疲れてしまいますし、眠れなくなることもあります。だから、週末は山に登るなど自然のなかで過ごしてリフレッシュし、月曜日から元気に働けるようにしています。

私がトラブルに対応できそうにないときは、あらかじめ上司に相談しておくと代わりに対応してくれます。職場のみんなと助け合いながら、これからも仕事を進めたいです。

服部さんのある1週間

時刻	月	火	水	木	金	土	日
05:00							
07:00	起床・準備・食事	起床・準備・食事	起床・準備・食事	起床・準備・食事	起床・準備・食事		
09:00	テレワーク		移動	テレワーク	テレワーク		
11:00		テレワーク	オフィスワーク				
13:00	食事	食事・移動	食事	食事	食事・移動		
15:00							
17:00	テレワーク	オフィスワーク	オフィスワーク	テレワーク	オフィスワーク	休日	休日
19:00							
21:00	食事・就寝準備	会食	帰宅 就寝準備	食事・就寝準備	懇親会		
23:00		帰宅 就寝準備			帰宅		
01:00							
03:00	睡眠	睡眠	睡眠	睡眠	睡眠		
05:00							

会社へ出勤する日とテレワークの日がおよそ半分ずつになっている。産油国との時差の関係でおそい時間まで仕事をした翌朝には、その分仕事をおそめに開始する。

Q 将来のために、今努力していることはありますか？

検船の仕事を通じて、原油タンカーの設備や装置に関する知識を身につけようと思っています。

私の仕事は船の専門知識が必須ではありませんが、船長やサプライヤーが何を言っているのかわからないために、仕事をスムーズに進められないことがあります。調べてもわからないときには船にくわしい専門家に図面を見せて、「これはどういう意味ですか？」とひとつひとつ質問し、理解して覚えるようにしています。

社内にも船にくわしい先輩がいるので、気軽に質問するようにしています。私と同じ、検船作業にたずさわっている先輩です。わからないことを、そのままにしておかないように心がけています。

「タンカーについてわからないことは、くわしい先輩にチャットで気軽に質問します。原油タンカーはひとつの工場のような規模なので、学ぶべきことは尽きません」

Q これからどんな仕事をし、どのように暮らしたいですか？

会社全体では、2040年に向けた大きな目標があります。それは、石油だけではない、次世代型のエネルギー供給企業になることです。世界では、地球温暖化を防ぐために太陽光発電や風力発電など再生可能エネルギーの導入が進められており、ENEOSも事業を展開しています。また、燃料として使用する際に二酸化炭素や大気汚染物質が排出されない、水素事業にも取り組んでいます。

小学生のころから環境問題に興味があったので、次世代型のエネルギー供給の仕事に関われるかもしれないと考えると、わくわくしますね。さまざまな知識や技術を習得しながら、社内外で必要とされる存在になることが目標です。

でも、ずっと仕事のことだけを考えている人生はつまらないので、プライベートの時間も大切にしたいですね。私は自然が好きなので、緑に囲まれた場所で暮らすことにあこがれています。

ENEOSの横浜旭水素ステーション。再生可能エネルギー由来の電力（太陽光発電）を使用して製造した、CO_2（二酸化炭素）フリー水素の販売を行う。

原油調達オペレーターになるには……

原油の輸入を行う企業の多くは、大学卒業以上を採用の条件としており、学んできた分野などによって配属先が決められることが多いようです。外航海運は海外の人とやりとりをすることが多い仕事なので、英語のスキルが欠かせません。外国語学部がある大学に進学して、英語の力を高めておくとよいでしょう。TOEICなどの英語資格の取得に挑戦してみることもおすすめです。

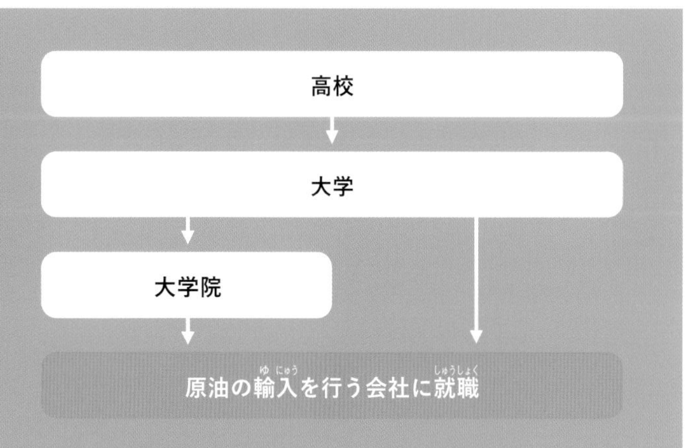

※ この本では、大学に短期大学もふくめています。

子どものころ

Q 小学生・中学生のとき、どんな子どもでしたか？

学級委員をまかされることが多く、自分なりに工夫してクラスをまとめていました。例えば、みんなが教室からの移動をなかなかしてくれないときは、教室の電気を消すんです。そうするとすぐに外に出てくれるので、先生からもほめられました。まわりをよく観察していたからだと思います。

幼いころから双子の姉に対抗心を燃やし、勉強や体育の成績をつねに競っていました。とても負けず嫌いな性格で、通知表に先生から「体育の授業で走り高跳びが思うようにできず、くやし涙を流していました」と書かれていたこともあります。今ふりかえると少しはずかしいですね。

行きたい高校がはっきりと決まっていたので、両親に頼んで、中学1年生のときから塾に通わせてもらっていました。とくに数学と英語が好きでしたが、全体的に勉強はきらいではなかったです。受験に合格し、無事に目標の高校に入学できたときは、とても大きな達成感がありました。

家族でのスキーの写真。右側に写っているのが服部さん(上)。「スキーでも負けたくなくて、双子の姉と競っていました」

服部さんの夢ルート

小・中学校 ▶ とくになし

なりたいものはなかったが、トヨタ自動車のある愛知県に生まれ育ったこともあり、自動車には興味があった。

▼

高校 ▶ とくになし

文系か理系か進路を迷ったときに、何かのスペシャリストよりは何でもこなせる人になりたいと思った。あえて、就きたい職業を決めることはしなかった。

▼

大学 ▶ 世の中に影響のある仕事

石油産業に興味をもった。

中学生のときは「名探偵夢水清志郎事件ノート」シリーズ(はやみねかおる著)をよく読んだ。

Q 子どものころにやっておけばよかったことはありますか？

私は留学したことがないので、もし中学生にもどれるのであれば、海外でホームステイを経験してみたいです。なぜなら、私がふだん使う仕事上の「ビジネス英語」と日常会話の英語は少しちがうからです。

ビジネス英語は専門用語が多く、文法通りの丁寧な表現をします。私がふだん仕事相手にメールを打つときは決まったパターンの文章がほとんどで、日常的な言葉はあまり使いません。一方、日常英会話は現地の人が使う言葉に近く、雑談を交わすのに向いています。

物事に対する見方が柔軟で吸収するスピードが早い中学生のころに、現地の英語を学べていたら、もう少し高いレベルの英語力が身についたのではないかと感じます。

Q 中学のときの職場体験は、どこに行きましたか？

中学2年生のときに3日ほど、デイサービス施設に行きました。デイサービス施設とは、生活に手助けが必要な高齢者などが、自宅で生活をしながら日帰りで介護サービスを受けられる施設です。

同級生にはアイスクリーム店が人気でしたが、私は日常であまり関わる機会のない場所がよいと思い、デイサービス施設を選びました。今の仕事も社外の人には見えにくいので、少し通じる部分があるかもしれません。

Q 職場体験ではどんな印象をもちましたか？

おじいちゃんやおばあちゃんのお話を聞いたり、いっしょに折り紙や体操をしたり、ところてんをつくったりしました。デイサービスの仕事は、「人のために働く」ということを実感する、わかりやすい体験だったと思います。

介護の仕事はやりがいがあっていいなと思いましたが、利用者によって、どのくらいの介護を必要とするのか、何を求めているのかはちがいます。人と接する仕事は、相手によって柔軟に対応しなければならない難しさがあることを学びました。

Q この仕事を目指すなら、今、何をすればいいですか？

産油国、船の上、製油所など、各所で同時進行するさまざまな事態を把握し、対応しなければいけないので、リーダーの役割を経験しておくといいと思います。私の場合も、学級委員の経験は視野を広げるのに役立ちました。

それから、この仕事はひとりではできないので、支えてくれる人に感謝の気持ちをもつことが大切です。悩みを聞いてくれた、気にかけてくれたなど、相手から受けた小さな恩を忘れずに返せるようになると、いざというときにまわりから助けてもらえる人間になれます。親や友人、先生などに対して、日ごろの感謝を忘れずに過ごしてください。

– 今できること –

日本では年間どれくらいの量の原油が輸入されているか、輸入された原油がどのように使われているかを調べてみましょう。原油がなくては私たちの生活が一日も成り立たないことが理解できます。また原油価格についてのニュースは、頻繁に見聞きすることができます。日ごろから、原油の情報を集めましょう。

原油調達オペレーターの仕事は、すばやい判断をくりかえし求められます。部活動の部長や委員長としてみんなの意見を取りまとめ、決断する経験をしてみましょう。

日本の資源・エネルギー消費の現状や環境に関する課題を学びましょう。また原油が採掘される国や地域について調べてみるとよいでしょう。

原油の量から海上輸送の日程調整まで、単位の計算や論理的思考が欠かせません。数量やデータを正しく整理して、課題に対処する力をのばしましょう。

さまざまなエネルギーの基礎知識を身につけましょう。またタンカーの運航に関わる気象についても学びましょう。

英語を使って、聞くこと、話すこと、読むこと、書くことなどのコミュニケーション能力を養いましょう。

File No.218

鉄道保線員

Railway Track Maintenance Worker

各鉄道会社の重要な仕事のひとつが、「保線」といわれる線路の保守管理業務です。昼夜を問わず線路の検査・修理を行い、電車が安全に時刻表通りに走行することを支えている人たちがいます。東急電鉄保線員の植原和樹さんにお話を聞きました。

Q 鉄道保線員とはどんな仕事ですか？

電車を安全に運行するために、線路の点検・修理をして線路をつねに良好な状態に保つのが「保線」の仕事です。

私は、東急電鉄・梶が谷保線区の職員として働いています。保線区が管轄する４つの路線について、定められた検査項目に沿いながら、線路の検査を行っています。

検査は、長い線路を一定の距離で区切って順番に行います。例えば、電車の進行方向を分ける「分岐器」も、検査対象の設備のひとつです。「ポイント」ともよばれ、ひとつの線路をふたつ以上の線路に分ける役目を果たします。ポイントに傷や傾きがないか、超音波の出る機械や水平器など専用の装置を使って検査をし、定められた基準値を超えていたら、すぐに修理をします。

ポイントに限らず、走る列車の重みを受ける線路には日に日にゆがみが生じます。修理をせずにいると、揺れや騒音などで電車の乗り心地が悪くなります。電車が脱線したり電車がホームに接触したりする可能性にもつながりかねず、大変危険です。そのため、装置を使った検査だけでなく、線路を歩いて、目で見て確認をします。

検査や修理は、電車が止まっている夜間にしかできないものもあれば、日中に行うものもあります。保線区の仕事にはいろいろな担当があり、梶が谷保線区では約50人の職員がつねに連携して働いています。そのなかで私は検査を担当していますが、検査の内容によっては、検査だけでなく修理計画から工事の実行まではば広い業務を担っています。

植原さんのある1日

08:30 出勤。仕事の準備をする
▼
09:00 書類の作成、打ち合わせ
▼
09:30 現場作業
▼
12:00 ランチ
▼
13:00 現場作業
▼
15:30 事務所にて書類作成
▼
17:10 退勤

ポイントを点検する。「通常、切りかえはコンピューターによる自動制御で行いますが、レール脇の手動転轍器を使うこともあります」

東急電鉄の保線作業のいろいろな担当

●巡視担当

線路上をくまなく歩き、レールの傷や摩耗、ゆがみなどを細かく確認する。営業している列車に乗りこんで、線路に異常がないかをチェックすることもある。

●検査担当（植原さんが所属）

法律で定められた検査項目と、会社が定める検査項目にしたがって、線路や関連する施設の検査を行う。

●設計担当

検査で見つかった不具合部分の補修計画をつくり、協力会社へ工事を発注する。優先順位を考え、現地調査、使用材料の確認、図面作成をする。

●工事担当

修理工事の作業を行う協力会社のスタッフをまとめながら、工事現場での作業を取り仕切る。

●CS・軌道整備

列車走行の騒音・振動などについてお客さまから寄せられた意見をまとめ、改善のための施策を考えて実行する。

●大型機械担当

修理作業用の動力つき車両モーターカーの管理を行う。

仕事の魅力

Q どんなところがやりがいなのですか？

自分で修理計画を立てた工事が、自分の思い描いた通りに完了したときには、やりがいを感じます。

夜間に検査や工事をする場合は、終電から初電までの限られた時間で行わなければならず、初電が安全に走るまでは気がぬけません。工事には数mmのくるいもゆるされない精密さが要求されるため、毎回緊張しながら作業をします。

作業の結果、ポイントがなめらかに動くようになった、電車の振動が減ったなど、うまくいったことを感じられたときは、本当によかったと思いますね。

Q 仕事をする上で、大事にしていることは何ですか？

報告・連絡・相談の「ホウ・レン・ソウ」を大事にしています。保線の仕事はひとりではできません。それぞれの担当とすばやく情報を共有しないと、事故につながる可能性があります。すぐに報告、異常があれば連絡、そして相談です。

工事計画を考えるときにも、経験豊富な先輩や仲間に相談すると、ちがう視点が見えてきます。1日にできる作業は限られているため、保線課以外の課とも連携して、緊急性があるものから行うなど、優先順位を決めて作業を行います。

Q なぜこの仕事を目指したのですか？

東急電鉄の「『日本一住みたい沿線』を目指す取り組み」に興味をもったからです。

高校では土木を学び、将来は公共事業で後世に残せるような大きなインフラ※工事をする仕事に就きたいと考えていました。先生に相談しながら就職先について調べるうちに、鉄道会社が線路を敷いて駅をつくり、電車を走らせ、沿線を魅力ある街なみに育てる仕事を担っていることを知りました。なかでも、鉄道事業と街づくりを一体にして進めている東急電鉄の仕事におもしろみを感じたのです。

高校時代まで住んでいた鹿児島県では、電車を利用する機会がなく、鉄道に関心はありませんでした。東急電鉄を知り、自分の知らない世界に行ってみたいという探求心がめばえて、この仕事を目指しました。

クレーンつき作業車を使って、砕石（線路に敷いてある石）の入った袋を運ぶ。「砕石が古くなって小さくなるとレールがしずむので、定期的に入れかえます」

他部署だけでなく、補修作業を行う協力会社との連携も大事だ。「日程や作業内容にまちがいのないよう、念を入れて確認します」

作業車の運転をする植原さん。「作業員はみな、専用の免許をもっています」

用語 ※ インフラ ⇒ インフラストラクチャーの略。道路、鉄道、電気、上下水道など生活や経済の基盤となる設備や施設のこと。

Q 今までに どんな仕事をしましたか？

入社後は駅や工事事務所、保線区で研修を受けました。駅では、お酒に酔った人や外国の人など会話が難しいお客さまに接すると、緊張してうまく対応できないこともありました。そんなときは先輩に助けてもらいながら、仕事に責任をもつ大変さや大切さを学びました。

その後、工務部保線課に配属となり、ほかの部署や工事の協力会社とともに仕事をしました。このころはまだ、社会人としてのマナーや文章の書き方がよくわかっていなかったので、メールを１本送るのにも1時間くらいかかるなど、苦労したことを思い出します。

そして梶が谷保線区に異動し、保線作業をしています。

Q 仕事をする上で、難しいと 感じる部分はどこですか？

ひとつとして、同じ現場がないことです。同じ検査か所でも数m移動すると微妙なちがいがあるので、つねに細かい調整が必要なところが難しいと感じます。

線路は鉄でできています。1日に何百回も電車が走ることで大きな力が加わり、鉄であっても、すり減って傷がつき、ゆがみやずれが生じます。季節や天候、坂やカーブ、人が歩く踏切など、置かれた環境でも変化の仕方がちがいます。検査で守るべき基準は変わらないですし、ゆがみやずれはできる限り小さくせねばなりません。プロとしてこれらを調整するには、とにかく経験が必要です。

レールのはばにくるいがないか、細かく測定する。記録係とふたりで行う。

Q この仕事をするには、 どんな力が必要ですか？

素直な心が必要だと思っています。

「この場合に関しては自分はこう思う」と、自分の意見をもつことは大切ですが、どんなに高度な技術を身につけたとしても、自分ひとりで考えて行動していてはよい仕事ができません。ともに仕事をする上司や経験豊富な先輩・同僚と情報を共有し、意見を言ってもらうことが大事です。周囲の助言を素直に受け止める心をもつことで、自分では見つけられなかった考えや方法に気づくなど、広い視野で仕事をとらえることができます。経験を積むにつれて、素直な心がより必要になると感じています。

PICKUP ITEM

作業時はヘルメットをかぶり、作業靴をはいて安全に徹する。大きなスパナはレールの継ぎ目を留めているナットを締めるために使うが、レールをたたいて音を確認し、異常がないかを確かめるためにも使う。グラインダーは、レールを研ぐ道具。鉄の表面をなめらかにすることでレールを長もちさせる。

毎日の生活と将来

Q 休みの日には何をしていますか？

子どもと公園で遊ぶことが多いです。うちの子どもは追いかけられるのが楽しいようで、逃げて走りまわる子どもをひたすら追いかけて遊んでいます。

昔から、釣りも趣味のひとつです。船に乗って遠出をするより、近場の港にふらっと出かけて、のんびり釣り糸を垂らすのが好きです。子どもが生まれてからはあまり行く機会がありませんでしたが、そのうち子どもと行けたらよいなと思っています。

お子さんと公園でひとやすみ。「子どもとの追いかけっこも、なかなか体力がいりますね」

「仲間と釣りに行って腕を競うのも楽しいですね」（右から2番目が植原さん）

Q ふだんの生活で気をつけていることはありますか？

電車に乗るときは、鉄道会社で働く者として振動や音が気になります。「いつもの揺れ方とちがう」「今通った線路で異常な音がした」などの違和感を覚えたときには、仕事につなげられるように意識しています。それは東急電鉄だけではなく、他社の電車に乗るときでも同じです。自分が感じた問題点を他社はどのようにしているのかを考えながら、線路やホームなどを観察することも多いですね。

台風などがやってくるときは、休日でも身構えています。大雨で線路が水びたしになる、強風で設備が故障するなど、急いで対応しなければならない場合があるからです。そうなると、たとえ休日でも修理が必要なので、いつでも現場へ行けるように準備しておきます。

植原さんのある1週間

	月	火	水	木	金	土	日
05:00							
07:00	出勤	出勤	泊まり勤務	出勤	仮眠		
09:00	現場・事務所作業	現場・事務所作業		現場・事務所作業	現場・事務所作業		
11:00	休憩	休憩		休憩	休憩		
13:00	現場・事務所作業	現場・事務所作業	泊まり勤務後の休み	現場・事務所作業	現場・事務所作業		
15:00							
17:00	退勤 食事	食事	食事	退勤 食事	退勤 食事	休日	休日
19:00							
21:00		泊まり勤務		仮眠			
23:00							
01:00	睡眠		睡眠	夜間作業	睡眠		
03:00							
05:00							

泊まり勤務や夜間作業が入ってくるので、1週間のスケジュールはやや不規則だ。夜間作業の後には休み時間や仮眠をとって次の仕事に備える。

Q 将来のために、今努力していることはありますか？

職場に若い人がどんどん入ってきていますが、みなさん、パソコン操作の知識があるんです。自分はおくれていると感じるので、くわしい人にCAD※やエクセルなどの操作方法を聞いて、積極的に学んでいます。

保線の現場で仕事をしていると、専門的な技術については新しい設備も使いこなせるようになりますが、世の中で一般的に利用されているソフトウェアを使うことはあまりありません。今の仕事では必要とされなくても、今後、異動を命じられて、ちがう仕事をまかされるかもしれません。そうなったときに備えて、今から勉強しています。

パソコンソフトの操作を自分でやってみてわからないときは、くわしい人に教えてもらう。

Q これからどんな仕事をし、どのように暮らしたいですか？

健康的な生活を心がけ、現場で何かあったときにはつねに第一線で動ける人材でいたいです。そのためには瞬発力が必要です。筋力がおとろえないように、できるだけ階段を利用します。自宅は4階ですが、エレベーターはほとんど使いません。

今後もこの仕事を続けていきたいと考えているので、さまざまな経験を積み重ねて熟練者となり、日々の仕事で充実した時間が過ごせるとうれしいですね。先輩のなかには、年齢に関係なく、自分よりもてきぱきと行動できる人がたくさんいます。目標になる先輩がいる環境で働けることは幸せだと思います。

保線は目立つ仕事ではありませんが、お客さまが毎日安心して電車に乗れるように、まかされた仕事を着実にこなして、堅実に暮らしていきたいです。

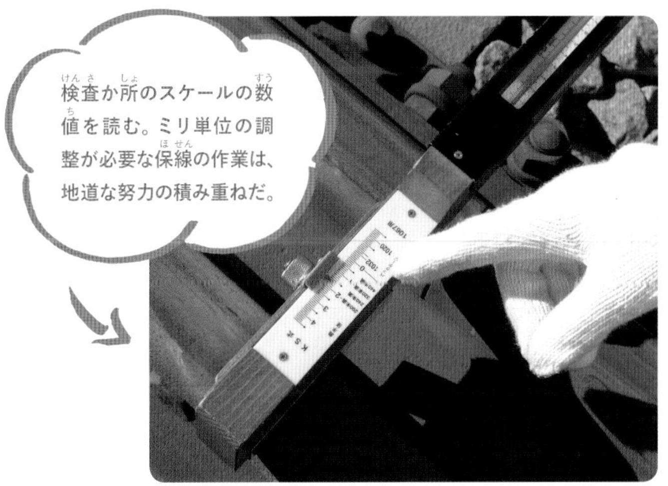

検査か所のスケールの数値を読む。ミリ単位の調整が必要な保線の作業は、地道な努力の積み重ねだ。

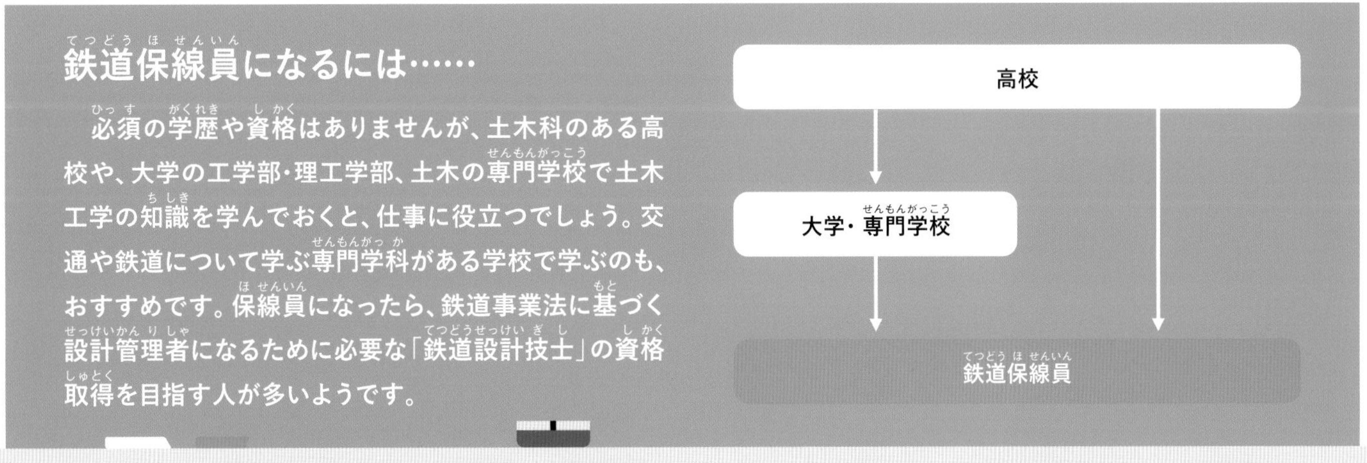

鉄道保線員になるには……

必須の学歴や資格はありませんが、土木科のある高校や、大学の工学部・理工学部、土木の専門学校で土木工学の知識を学んでおくと、仕事に役立つでしょう。交通や鉄道について学ぶ専門学科がある学校で学ぶのも、おすすめです。保線員になったら、鉄道事業法に基づく設計管理者になるために必要な「鉄道設計技士」の資格取得を目指す人が多いようです。

用語 ※CAD ⇒ Computer Aided Design の略で、コンピューターを使って製図や設計をすること、またはそのソフトウェアのこと。

子どものころ

Q 小学生・中学生のとき、どんな子どもでしたか？

私はひかえめな性格で、人の前に出ることがあまりない子どもでした。交友範囲は広いほうではなくて、いつも仲良しの友人といっしょに過ごしていました。

中学校ではバスケットボール部に入っていました。練習では、近くの山を走って登ることもありました。つらくて何度も足を止めて歩きそうになりましたが、なんとか力をふりしぼって最後まで走りぬきました。そのときに頂上から見た景色を、今でも鮮明に覚えています。指導が厳しかったおかげか、チームは結構強かったと記憶しています。

勉強は、テスト期間のときだけがんばる一夜漬けが多かったです。なかなか計画的にはできなかったですね。当時は好きなJ-POPの曲を聴きながら勉強していました。

植原さんの夢ルート

小学校 ▶ パティシエ

お菓子が好きだったことと、料理も好きだったため。

▼

中学校 ▶ とくになし

バスケットボール部の活動に明けくれていた。

▼

高校 ▶ 公共工事にたずさわる仕事

工業高校の土木科に進学し、担任の先生に連れられて、トンネル工事をしている会社や歩道を整備する会社を見学した。後世に残る仕事をする人を近くで見て「すごいな」と感じた。

中学生の植原さん。「大物が釣れたときの写真です。このころから釣りが好きでしたね」

中学時代はバスケットボール部で活躍した。後列左端の選手が植原さん。

中学2年生のときに職業体験で行った自動車整備工場にて。右から2番目が植原さん。

Q 子どものころにやっておけばよかったことはありますか？

相手に要点を適切に伝える話し方を身につけておけばよかったです。私は、人に説明することが苦手で、昔から親や先生、友だちと話していても「もっと簡潔に話してほしい」「話がわからない」と言われることがありました。感情にまかせて話していたのかもしれません。相手が理解できるように話すには、学校で教わった5W1H※など話の組み立て方が大切だと、社会人になってから気づきました。

職場に、短い時間で上手に話す人がいます。その人は、余計なことを言わずに、必要な情報だけが聞いた人の頭に残る話し方をします。あのような話し方ができるように、子どものころから「考えて話す訓練」や「相手に伝える話し方」を意識すればよかったです。

用語 ※5W1H ⇒「いつ・どこで・だれが・なにを・なぜ・どのように」を表す英単語の頭文字をまとめたもの。

Q 中学のときの職場体験は、どこに行きましたか？

中学2年生のときに3日間、友人と3人で自動車整備工場に行きました。物づくりに興味があったので、体験先には迷わず工場を選びました。

体験先で、初めに説明を聞きながら作業を見学しました。そのあとで、塗装の補助作業を手伝いました。塗装する範囲をどこにするか決めて、指示を受けながらマスキングテープを実際に貼らせてもらう作業です。中学生にもかかわらず、貴重な体験をさせてもらえてありがたかったです。

Q 職場体験ではどんな印象をもちましたか？

働くということは厳しい世界だと感じました。仕事には「失敗のない成果」を求められるからです。

塗装作業は正確でなければいけませんし、約束した期日も守らなければなりません。髪の毛一本でもついていたらやり直しです。お客さまが満足する仕上がりでなければ、代金はいただけないんですよね。

仕事をしてお金をもらうということは本当に大変なことだし、毎日丁寧にこつこつと仕事をしている大人はすごいと、つくづく思いました。

Q この仕事を目指すなら、今、何をすればいいですか？

親から家の仕事を手伝うように言われたときは、いやがらずに挑戦してみてください。どんなことでもやってみるべきです。初めから無理だと決めてしまうと、できることもできないし、やってみないと自分に向いているかどうかもわからないからです。

そして、挑戦するならば、仏頂面でいやいや手伝うのではなく、楽しんでやりましょう。職場でも、場を和ませる力がある人は仕事ができる人です。家庭も職場も学校も同じですから、この仕事を目指すのであれば、とにかく今は何でもやってみるのがよいと思います。

－今できること－

電車が走る仕組みや線路のつくり、鉄道に関わる職業など、さまざまな情報を調べましょう。鉄道に関するはば広い知識は、保線の仕事を行うのに役立ちます。また、線路の点検・整備の作業は、電車が走っていない限られた時間で、小さな不具合も見逃さないように集中しながら多くの仲間と協力して行います。委員会活動や生徒会活動、地域ボランティアなどに参加して、仲間としっかり意見を交わし、チームワークを育む経験をしておくとよいでしょう。

国語 適切な補修作業のために、検査結果などを仲間に正確に伝えなければなりません。発表や対話を行う授業では、話の構成を工夫して話す力をのばしましょう。

理科 レールの傷やゆがみは、車輪の摩擦や気象現象によって発生します。第1分野の物理的な事物・現象についての観察と実験、第2分野の気象をよく学びましょう。

体育 ナットを締める重いスパナをレールの検査用も兼ねて持ち歩くため、体力が必要です。また勤務時間が不規則になるので、疲れにくい健康な体をつくりましょう。

技術 ハンマーややすりなどを使って補修工事をします。工具や機器の安全な使い方を学びましょう。

File No.219

送電用鉄塔工事の現場監督

Site Foreman of Transmission Tower Construction

発電所でつくられた電気を変電所に送るには、高圧の送電線が必要です。送電線で電気を送るために、送電線を架ける鉄塔がつくられます。高圧送電線用の鉄塔を建設する工事現場の監督をしている稲葉彩希さんに、お話を聞きました。

Q 送電用鉄塔工事の現場監督とはどんな仕事ですか？

私たちの会社は、電力会社から依頼されて、新しい鉄塔を建てたり、鉄塔に電線を架けたりする仕事をしています。

発電所でつくられた高圧の電気は、街なかの電柱へ届く前に、変電所で電圧が変換され、下げられていきます。私たちが担当している高圧送電線用の鉄塔は、それらの高圧の電気を送る電線を架けるために建設されるものです。

鉄塔建設工事には、基礎工事や組み立て工事、電線を架ける架線工事などがありますが、作業を行うのはそれぞれの専門の会社の職人さんたちです。現場でそれらの職人さんたちをまとめ、工事を予定通り進めるのが私の仕事です。

仕事は、事務所と工事現場の両方で行います。事務所では、みんなが安全に仕事をするための機材配置を考えた図面づくりや、必要な道具の手配などをします。現場では、災害防止のための安全管理や、ボルトの締まり具合のチェックを1本1本行い、計画通りに仕事が進んでいるかなどを確認します。

現場監督のとくに大きな役割は、工事を行う職人さんたちの安全管理です。人や道具が鉄塔から落下しないよう、また感電しないように、声をかけながら作業を行います。これらを「墜落災害」「感電災害」とよんで、絶対に起きないようにしています。夏場は、みんなが熱中症にならないように水分や塩分をこまめにとってもらうなど気を配ります。

高圧送電用鉄塔は永久に使えるわけではなく、およそ100年の寿命といわれます。そのため、さびた部分を取りかえるなどのメンテナンス工事も、私たちが行います。

稲葉さんのある1日（現場の場合）

07:30 現場到着。道具の準備をする
▼
08:00 当日の作業内容や危険な場所の確認
▼
08:30 鉄塔に登り、作業手順を確認する。危険を予知した際には声かけなどを行う
▼
12:00 ランチ
▼
13:00 ボルトが締まっているか、確認する
▼
16:00 鉄塔から降りてかたづけをする
▼
17:00 事務所にもどり、打ち合わせを行う
▼
17:30 翌日の準備、事務作業をして退社

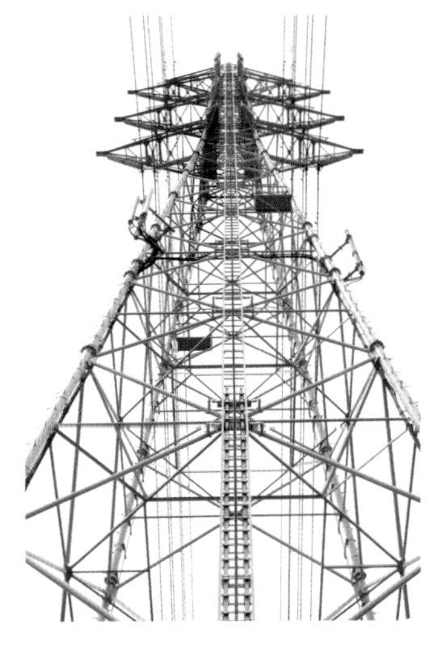

稲葉さんがメンテナンスの工事を担当している送電用鉄塔。鉄塔の高さは、15mから100mを超えるものまで、いろいろある。

鉄塔建設工事の作業の流れ

❶ 調査・建設準備
電力会社が、鉄塔を建設する場所について調査する。地形・地質・気候などの自然条件に加えて、工事やメンテナンスのやりやすさなどから建設場所を選ぶ。

▶

❷ 基礎工事
鉄塔の基礎となる部分の工事を行う。大きな台風や地震などがきても鉄塔がたおれることのないよう、強固な基礎をつくる。

▶

❸ 組み立て工事
クレーンなどを使って鉄塔を組み立てる。建設場所に合わせて一基一基が設計されているため、ひとつとして同じつくりの鉄塔はない。

▶

❹ 架線工事
完成した鉄塔と鉄塔の間に電線を張る。ドローンを使ったり、100m以上の高さの大型鉄塔の場合はヘリコプターを使ったりすることもある。

▶

❺ 点検・メンテナンス
鉄塔と送電線は、長い年月の間、雨や風、雪、雷、地震といった自然の影響を受ける。定期的に点検して修理などのメンテナンスをする。

仕事の魅力

Q どんなところがやりがいなのですか？

手がけた仕事が鉄塔というかたちで目に見えるものとして残るところに、やりがいを感じます。何十年も残るものに関われる仕事は、なかなかないと思います。

会社の先輩がよく言うのは、鉄塔工事は地図に残る仕事だということですね。それを聞くと、社会のインフラを支える仕事をしていると実感します。

ぐんぐん、鉄塔に登っていく稲葉さん。「職人さんの安全管理は私が担当しますが、自分の安全は自分で確保します」

Q 仕事をする上で、大事にしていることは何ですか？

わからないことを放置しないで、先輩や上司に話して早めに解決するようにしています。わからないからといって後まわしにしていると、ほかの作業や仕事に影響が出て、最後には工事全体に影響が出ることもあります。そうならないように、10分調べてもわからなかったら先輩に聞くなど、自分のなかで期限を決めて早めの対応を心がけています。

「先輩に聞きたいときは、いそがしそうでも、思いきって声をかけます」

Q なぜこの仕事を目指したのですか？

私の場合は、たまたま、この仕事に出合いました。体を動かすことが好きだったこともあり、もともとは警察官になりたいと思っていました。小・中学生のときに剣道を習っていて、道場のある警察署に出入りする機会があり、警察官ってかっこいい！　と思ったんです。けれど、試験に落ちてしまいました。そこで改めて、自分は何をしたいんだろうと考えながら、服飾、住居、建築など、いろいろな仕事の募集をインターネットでチェックしました。すると、岳南建設の社員募集のWEBサイトを見つけたんです。

鉄塔建設の仕事は私にとって未知の世界で、「何これ？」と新鮮に感じました。親に相談すると、「自分が楽しそうと思えるなら、いいんじゃない？」とアドバイスをもらいました。その言葉に後押しされて、入社を決めました。

働いてみて、鉄塔工事の監督の仕事にはひとつとして同じ現場がなく、つねに新しいことにチャレンジできるところが魅力のひとつだと感じています。

PICKUP ITEM

ボルトを締めるための道具など一式がそのまま背負えるように、つなげてセットしてある。ぜんぶ合わせると10kg以上の重さだ。どれひとつ絶対に落下しないように結びつけられている。自分の身を守るために、ヘルメットと安全靴も欠かせない。

Q 今までに どんな仕事をしましたか？

入社後に１か月半ほど、同期入社のみんなといっしょに、会社の研修施設で泊まりこみの研修を受けました。マナーや、パソコンのスキル、CADという設計図面をかくための専用ソフトも習いました。電力会社がつくる設計図を画面で見ながら仕事をするので、CADの技術も必要です。仕事が始まると全国各地の事務所や建設現場に配属され、同期とはなかなか会えなくなるので、研修は貴重な機会になりました。

研修後の最初の１年間は、工事を行うための事前の調査を手がけました。国や自治体などに出さなければならない書類の作成や、工事に必要な図面の作成、現場では、工事のじゃまになる木の確認が必要ということを経験しました。

それでも、それらは現場監督の仕事のなかのごく一部でしかありません。仕事をしながら、経験を積んでいます。

Q 仕事をする上で、難しいと感じる部分はどこですか？

専門用語が多くて、現場で知らない言葉に出合うとあせります。また、現場で長く働いてこられた職人のみなさんは、略語を使うことも多いんです。略語の意味がわからず、「現場監督なのにわからないのか」と雰囲気が悪くなってしまうことがあります。そんなときに難しいと感じますが、だれもが最初はわからなかったのだと考えて、気持ちを切りかえています。

この業界には男性が多いので、仕事に関する女性ならではの悩みを相談しづらいこともあります。そんなときは、女性の事務員さんに相談して不安を解消します。女性の先輩は、私の身近にいてくれる存在で、とても心強いです。

現場では、上司や作業をする職人さんと、よく打ち合わせをする。まちがいのないよう、綿密にコミュニケーションをとる。

Q この仕事をするには、どんな力が必要ですか？

この仕事は、ひとりで完結できる仕事ではありません。たくさんの人たちでチームをつくり、目標に向かって動きます。人との関わりが大切になるので、ひとりで仕事をしていたいと思う人には向かないと思います。まさしく、コミュニケーション力が必要です。

また、100mを超す高さの鉄塔に登ることもあります。高いところが苦手な人には無理かもしれません。実際に、研修後に自分には無理だと退職した人もいたと聞きました。

山での仕事が多いので、自然のなかに入っていくことが苦にならないといいですね。初めて現場へ行って、慣れない山登りで私がへとへとになったとき、工事の作業をする職人さんが「こんなのは山じゃない、丘だよ」と言っていました。道も、登山道として整備されているわけではありません。そのような場所に分け入っていく体力と気力も必要です。

研修後、初めての現場で地上100mの鉄塔に登り、電線先端の加工を確認する作業をした。「思ったより高くて、おどろきました」

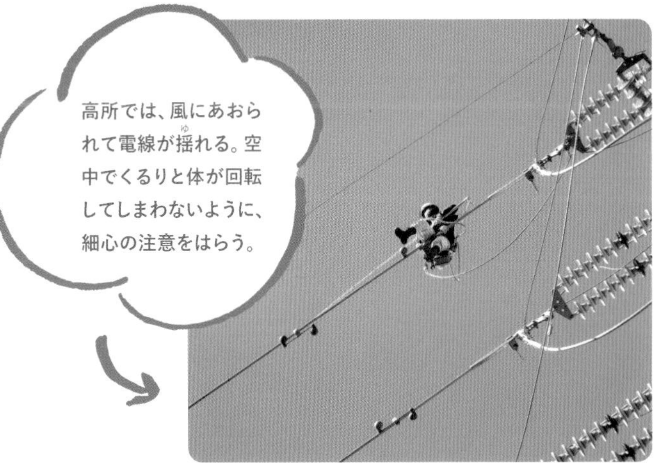

高所では、風にあおられて電線が揺れる。空中でくるりと体が回転してしまわないように、細心の注意をはらう。

毎日の生活と将来

Q 休みの日には何をしていますか？

休みの日は、一日中寝ているか、活動をするか、両極端です。活動をする日は、ウインドーショッピングをしたり、友人とご飯を食べたり、ライブに行ったりします。おしゃれをするのが好きなので、好きな服を着てメイクをすると、別人みたいになりますよ。会社の人と会っても、たぶん私だとわからないと思います。

会社の2階が寮になっていて、ふだんは寮に寝泊まりしています。寮のキッチンを使って料理をすることもあります。土日とも休みのときは、自宅に帰ります。今、友だちとルームシェア※をしていて、おしゃべりができるので楽しいです。

福島県にあるイギリスをテーマにした施設、ブリティッシュヒルズにて。「かわいい洋服を着ておしゃれするのも大好きです！」

会社の寮にあるキッチンでつくった料理。「肉じゃがが食べたいと思い立ちました。この量を全部、ひとりで食べました」

Q ふだんの生活で気をつけていることはありますか？

私は昔から寝つきが悪くて、寝起きも悪いことに困っています。ふとんに入っても、1時間は寝つけません。現場の仕事が入っている期間は朝早いことが多いし、現場で眠くなると困るので、22時にはふとんに入るようにしています。

朝は、目覚まし時計を何度も鳴らしてやっと起きます。寮で寝起きする日は、まわりの人に迷惑をかけていないか、気にしてしまいますね。

また、体力をつけるために、運動を習慣にしています。工事の現場が落ち着いている期間には、朝や夜に時間があるので、ジョギングをします。ちょっとした買い物のときは歩くようにしています。足上げ腹筋、スクワットなども、2日に1回行います。体力をつけるには積み重ねが大事なので、自分が取り組みやすいことから始めるようにしています。

稲葉さんのある1週間

	月	火	水	木	金	土	日
05:00		準備・食事	準備・食事	準備・食事	準備・食事		
07:00	準備・食事						
09:00	事務	移動・現場	移動・現場	移動・現場	移動・現場		
11:00	食事	食事	食事	食事	食事		
13:00					現場・移動		
15:00	事務	現場・移動	現場・移動	現場・移動			
17:00		事務	事務	事務	事務 食事	休日	休日
19:00	食事	食事	食事	食事			
21:00							
23:00							
01:00	睡眠	睡眠	睡眠	睡眠	睡眠		
03:00							
05:00							

休みの日は、工事のスケジュールによって変わってくる。この表のように土日が2日続けて休みの週もあれば、ばらばらの週もある。

用語　※ ルームシェア ⇒賃貸のマンションやアパートなどで、友人などの他人と共同生活をすること。

Q 将来のために、今努力していることはありますか？

会社から、土木施工管理技士※と電気工事施工管理技士※の資格を取得することを求められています。いずれ現場のリーダーとして働くためには、なくてはならない国家資格だからです。それぞれ一次試験と二次試験があり、現場で経験を積まないとわからない問題もあるので、順番にチャレンジしていくつもりです。受験資格の関係で、両方の資格をとるにはおよそ9年の経験が必要になります。

鉄塔は、地形や地質によってひとつも同じものがありません。とても多くの知識や技術が必要になります。まだまだ現場の経験が少ないので、ひとつでも多くのことを吸収できるように、どんな仕事でも一生懸命に取り組んでいます。

鉄塔に登るための足場をつくる。「近所の子どもたちが登ってしまう危険があるので、いちばん下の数本はぬいてあります。作業時に持参して、一本ずつねじこんで足場をつくります」

Q これからどんな仕事をし、どのように暮らしたいですか？

仕事のほかにも、ファッションに料理、写真撮影にライブ参加など、好きなことがたくさんあるので、仕事に全力投球をしながら、全部を楽しみたいです。

鉄塔工事の現場は、まだほとんどが男性の職場です。ですが、この会社のみなさんはとても優しく、女性社員が働きやすいように配慮をしてくださっています。ですので、この仕事は女性には難しい、ということはないと思っています。

私の今の目標は、現場のメンバーから頼られる存在になり、これから入社してくる女性社員にとっての手本となる人材になることです。そして将来は、結婚して子どもを産んでも、仕事を続けたいと思っています。工事現場が山のなかだったりするので、なかなか難しいかもしれないですが、例えば、育児が大変なうちは家族に協力してもらうなどの方法もあると思います。

あとに続く後輩たちのためにも、子育てしながら働きつづけられる前例をつくることができればいいなと感じます。

「女性の少ない業界ですが、居心地のよい職場で働いています」

送電用鉄塔工事の現場監督になるには……

送電設備の工事を行う企業に就職する必要があります。入社した後に、一定期間の研修や鉄塔の昇降訓練などのさまざまな訓練を受けて必要な知識や技術を身につけます。高校卒業者を採用する会社もありますし、大学や専門学校で電気工学や土木工学、都市環境学を学ぶと、より仕事に役立つでしょう。

高校
↓　　　　　↓
大学・専門学校　↓
↓　　　　　↓
送電用鉄塔工事の現場監督

用語 ※ 土木施工管理技士 ⇒土木工事現場の監督を行うことができる国家資格。国土交通省が管轄する。

用語 ※ 電気工事施工管理技士 ⇒電気工事の監督を行うことができる国家資格。国土交通省が管轄する。

子どものころ

Q 小学生・中学生のとき、どんな子どもでしたか？

私の祖父は、和菓子屋さんをしていました。店番のお手伝いをしていたので、だれとでも抵抗なく話ができる子どもだったと思います。和菓子屋さんの孫なのにあんこがきらいで、ケーキなどの洋菓子が好きでした。

小学生のときも中学生のときも、勉強はそれほどしていませんでしたが、教科では数学や理科、家庭科が好きでした。大人になった今、好きなことはいろいろありますが、料理やファッションは子どものころから大好きでしたね。

体を動かすことも好きで、小学生のときから剣道をやっていたので、中学校では剣道部に入りたいと思っていました。けれど剣道部がなかったので、吹奏楽部に入りました。2年生のときに音楽の先生が顧問になって、活動が活発になったんです。みんなでたくさん練習して、県大会で金賞をもらったことがよい思い出です。

中学校時代には、吹奏楽部でトロンボーンを担当した。下の写真は、県大会で演奏した曲の楽譜。練習のあとが残っている。

トロンボーンは今でも大事にしている。

稲葉さんの夢ルート

小学校 ▶ パティシエ

洋菓子が大好きだった。

▼

中学校 ▶ パティシエ

中学生になっても夢はパティシエだった。食べるだけでなくつくることも好きだった。

▼

高校 ▶ 食関係の仕事

食べること全体に興味が広がって、食関係の仕事に就きたいと考えていた。

▼

大学 ▶ 社会福祉士、警察官

高齢者のお世話をする社会福祉士や、警察官など、おもしろそうと感じる職業がたくさんあった。

中学校の卒業式に、友人たちと。

Q 子どものころにやっておけばよかったことはありますか？

読書です。読んでいたのは盲導犬の小説など特定の本だけだったので、いろいろな分野の本を読めばよかったです。

現場ではとにかく、いろいろな人と出会い、話をします。工事の関係者だけでなく、現場の周辺に住んでいる人や幼稚園・保育園の人に工事について説明をすることもあります。

世間話になったときに、自分は話題が豊富ではないと実感します。だれとでもたくさん話ができるように、いろいろな本を読んで世の中のことを知っていればよかったです。

Q 中学のときの職場体験は、どこに行きましたか？

中学2年生の夏休みに、１週間程度、ケーキ屋さんへ職場体験に行きました。もともと料理やケーキづくりが好きだったし、パティシエになるのが夢でもあったので、ケーキ屋さんを希望したんです。小さなお店だったので、ひとりで参加しました。

体験では、ケーキをつくるときに使用する道具の洗浄、厨房の清掃、ごみ出し、店頭での接客などをしました。

Q 職場体験ではどんな印象をもちましたか？

ケーキ屋さんでは、クリームを泡立てたり材料をまぜたりするのに機械を使っていましたが、それでも重労働でした。しかも、同じケーキを大量につくるんです。趣味でケーキをつくるのとはまったくちがうということがよくわかりました。しかも、細かな作業は人の手で行うので、職人はすごいと感じました。

職場体験をして、好きなことを仕事にするのは大変かもしれないと思ったことを覚えています。仕事の大変さを知って、好きなことを仕事にすることだけがいいことではないかもしれないと感じる体験でした。

Q この仕事を目指すなら、今、何をすればいいですか？

数学や理科などの勉強をしておくといいと思います。できないとすぐに困るわけではありませんが、できた方が、仕事をしていくなかで理解がしやすくなります。鉄塔建設に必要な専門的な知識は先輩や上司が丁寧に教えてくれますが、中学校で学ぶことは、それらの基礎になります。

何よりも大切なのは、体力づくりです。工事現場で一日中外にいると、それだけで体力を消耗します。現場では安全を保つために気を張っていなければならないので、ばてないだけの体力は必須です。毎日少しずつ、体力づくりをすることをおすすめします。

ー今できることー

ふだんの暮らし

送電用鉄塔を守って電気を送り、人々の暮らしを支えることが、送電用鉄塔工事の現場監督の大切な役割です。生活の場に電気を届けるために、どのような企業や職業の人が活動しているのか、関心をもって調べてみるとよいでしょう。

また、現場監督はけが人を出さないように、周囲に声をかけて安全管理を行います。クラスでグループを組んで活動するときは、自分から声をかけて、仲間とコミュニケーションをとることを意識してみましょう。

数学　建設場所の調査や設計図の読み取りをするのに、数学の知識が役に立ちます。三平方の定理や関数を理解し、身につけましょう。

理科　力の働きや運動とエネルギーなどの知識は、鉄塔建設の基盤となります。しっかり学んでおきましょう。

体育　体を動かして体力をつけましょう。また、安全や健康に気を配ることも現場監督のつとめです。運動前に準備体操をするなど、けがを未然に防ぐ意識をもちましょう。

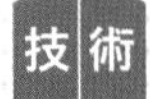

技術　授業で部品加工や組み立ての作業を行い、工具や機器を安全に使えるようにしましょう。

File No.220

エネルギープラントのプロジェクトエンジニア

Energy Plant Project Engineer

日立造船
梅田晃樹さん
入社7年目 31歳

海外のごみ焼却発電プラントの建設を担当しています

日本は高いレベルのごみ焼却の技術をもち、焼却の熱により発電もできる設備を開発しています。この高性能のごみ焼却発電プラント※がタイなどの国々で求められ、世界各地で建設されています。プロジェクトの監督をしている梅田晃樹さんに、お話を聞きました。

用 語　※ プラント ⇒ いくつもの設備や機器が組み合わさってつくられた工場のこと。

Q エネルギープラントのプロジェクトエンジニアとはどんな仕事ですか？

私は日立造船という会社で、海外にごみ焼却発電プラントの建設をするプロジェクトを監督する仕事をしています。ごみ焼却発電とは、ごみを燃やした熱を利用して電気をつくる方法です。ごみを資源として有効活用できる上に、温室効果ガスの排出量が少ないため、世界でも注目されている発電方法です。

この方法で発電するには、ごみを燃やして高温の蒸気を発生させるボイラ、蒸気の熱エネルギーを羽根車の回転エネルギーに変換する蒸気タービン発電機など、大がかりな設備が必要です。こうしたプラントの設計や建設の作業を指揮したり、管理したりする仕事は、プラントのプロジェクトエンジニア※とよばれます。

私の所属する海外プロジェクト部では、まず営業担当が海外のお客さんにごみ焼却発電プラントの建設を提案します。お客さんが同意したら、私も同行して打ち合わせを重ね、プロジェクトの計画を進めます。計画に基づいて設計・建設工事を開始し、建設が完了すると、正式な稼働前に機械を試運転します。ここまで、長いものだと5年以上かかります。

海外プロジェクトのチームには、営業、設計、調達、建設、法務などさまざまな部門の担当がいます。私はひとつのプロジェクトに一貫して関わり、スケジュールを管理しながら、担当部門どうしの意見、またチームとお客さんとの意見をすり合わせるなどしてチームをまとめます。完成後は試運転に立ち会い、現地の作業員に運転方法を指導します。

梅田さんのある1日

08：00 在宅勤務開始。仕事内容を整理する
▼
09：00 メール・スケジュールの確認
▼
10：00 東南アジアでの工事スタート時刻に合わせ、現地とのオンライン会議
▼
11：00 現場からの問い合わせに対応する
▼
12：00 ランチ
▼
13：00 社内のオンライン会議
▼
14：00 資料作成
▼
16：00 上司に報告・連絡・相談
▼
18：30 在宅勤務終了

タイのごみ焼却発電プラント建設現場にて。前列右から2番目が梅田さん。

プロジェクトエンジニアとともに働くチームの各担当

● 営業担当

ごみ焼却発電プラント建設が望まれている情報をキャッチし、建設を提案する。お客さんは、国や自治体、企業などいろいろだ。プロジェクトエンジニアや設計者と協力して費用を見積もり、提案する。

● 設計担当

プラント建設が決定すると、お客さんが求めるプラントに必要な設備を細かく調査する。調査結果をもとに、それぞれの設備の設計とプラント全体の設計を行う。

● 調達担当

設計にしたがって、プラント建設に必要な設備や備品などを買いつける。世界各地の会社から調達する必要がある。

● 建設担当

現地の工事を行う会社と協力しながらプラントを建設する。各分野の専門エンジニアが集まり、彼らとともに働く。

● 法務担当・経理担当

トラブルが起きた場合、法律に関わることもあるので、法務担当がプロジェクトの法律面での契約内容をチェックする。国による法律のちがいにも対応する。経理担当は、プロジェクトの費用面を管理する。

用語 ※ エンジニア ⇒電気、機械、土木、建築などの技術者。

仕事の魅力

Q どんなところが やりがいなのですか？

チームで協力して建てたごみ焼却発電プラントで、環境問題やエネルギー問題の改善に貢献できるところです。

ごみが焼却場で燃やされ、エネルギーとして再利用されることは、日本ではごくふつうのことです。しかしそうではない国もあります。私がプロジェクトを担当しているタイでは、ごみを集めて広い場所に捨てたり、地中に埋めたりするのが一般的です。

ごみが適切に処理されないと、公害をまねきます。ごみ焼却発電プラントを建てることで、住みやすい環境を実感してもらえることにも、やりがいを感じます。

作業服を着て建設現場で作業をする梅田さん。設計図通りにできているか、ひとつひとつチェックする。

Q 仕事をする上で、大事にしていることは何ですか？

プラント建設は大がかりな仕事で、数百人から数千人がひとつのプロジェクトに関わります。だから、つねに全体を見わたして、気配りを欠かさないようにしています。

気配りとは、相手の立場や背景を考慮し、相手の気持ちを想像することです。例えば資料ひとつ作成するにしても、ほかの人が読みやすいように見出しに色をつけるなどの工夫をします。だれかが必要としたときのために、コンピューター上のすぐに見つけられる場所に保存することも大事です。相手がどう感じるかをつねに考えながら、仕事をしています。

Q なぜこの仕事を 目指したのですか？

私の父は、小型モーター開発のエンジニアとして海外を飛びまわっていました。留守がちの父ととくに仲がよかったわけではないのですが、気づけば父の背中を追っていました。

父のように世界で活躍するエンジニアになるには、日本から出て生活する経験が必要だと思い、大学院生のときにアメリカ留学を決意しました。留学先で日本人のきれい好きな国民性や文化と、世界の環境問題に関心をもったんです。

日本の学校では、生徒全員で掃除をする時間が設けられていますが、アメリカでは掃除の仕事を担当する大人がいるので、生徒は掃除をしません。また、公園にごみが多いことも気になりました。各国のごみ処理について調べてみると、日本はごみ焼却場の数が世界一多いことがわかりました。

日本人の特性や文化を活かして世界の環境問題に貢献できるエンジニアになりたいと思い、この仕事に就きました。

海外から帰社した梅田さん。1年のうち約3分の1を海外で過ごす。

仕事の進め方について、上司に相談する。「トラブルが起きることを見越して、スケジュールを立てるようにしています」

Q 今までに どんな仕事をしましたか？

入社して最初の1年は、製品の知識を得るための勉強や、関係する他部署の仕事内容を勉強しました。私の職場では毎日いろいろな専門用語が飛び交うので、はば広い知識が必要です。最初のころは、会議に出席しても何のことを話しているのかわからないまま、メモをとるのに必死でした。

入社2年目には、タイの建設現場で現場管理を行いました。私たちの設計図の通りに現地の人に工事を行ってもらうのですが、日本の常識とタイの常識は全然ちがうので、現地の人とうまく心を通わせることができず、苦労しました。自分の知識や技術が不足していることを思い知らされましたね。

その後、ふたたびタイでの仕事に挑戦する機会がやってきました。同じ失敗をしないためにチームでよく話し合ったので、今度は大きなトラブルもなく建設することができました。

Q 仕事をする上で、難しいと 感じる部分はどこですか？

文化や言語の壁を感じるときです。通常、海外の担当者とは英語で会話しますが、なかには英語が苦手な人もいます。そんなときは、かたことの言葉でたがいに意思を伝え合おうとしますが、当然、誤解やまちがいも生じます。それでも誠意をつくして、根気よくやりとりするようにしています。

言葉や文化がちがっても、心を通わせられることもあります。あるとき、私の指示がまちがっていたせいで、現地のタイ人の仕事がやり直しになったことがありました。申し訳ない気持ちでいっぱいになり、謝ると、その人はかたことの英語で「いいよ！　ウメダにはいつも助けてもらっているから」と笑いながら答えてくれました。うれしかったですね。

タイの建設現場の担当者と、オンラインで打ち合わせをする。

Q この仕事をするには、 どんな力が必要ですか？

自分の意見を明確に言葉にする力が必要です。日本人ははっきり言うのが苦手な人が多いのですが、外国人相手にあいまいな受け答えをしていると、何を言いたいのかわからないと困惑されることがよくあります。

また、現地には英会話が苦手な担当者もいるので、相手にもっとも適したコミュニケーションの方法を考える力も必要です。たくさん話すと逆効果の場合もあるので、そんなときは簡単なワードとジェスチャーだけで意思を伝えるようにしています。

自分が何を考えているのか、相手にどうしてほしいのかを要約したうえで、きちんと言葉にできるようにしておくとよいと思います。

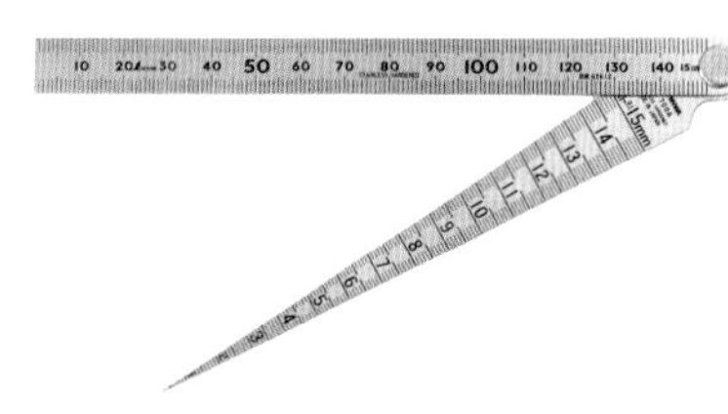

すき間スケール

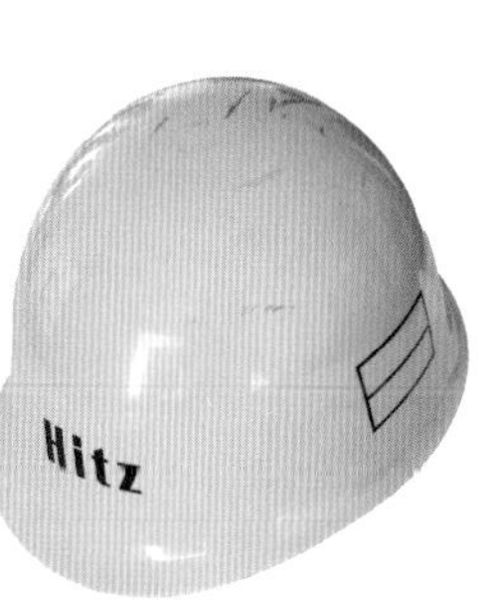

ヘルメット

海外出張時の荷物

PICKUP ITEM

頻繁に海外出張があるので、持ち運ぶ荷物はいつも同じようにセットしてある。海外のプラント建設現場で使うヘルメットも必ず持参する。すき間スケールは、機器の取りつけ具合を調べるときに使う。すき間に差しこみ、決められた範囲以上のすき間になっていたら、監督者として指導を行う。

毎日の生活と将来

Q 休みの日には何をしていますか？

好きなコーヒーを飲みながら落ち着いて頭を整理したいので、カフェに行くことが多いです。

自宅では、『FORTNITE』というシューティングゲームをしています。私はそんなにゲームが得意ではないので、物かげにかくれながら、撃ち合いは最小限におさえて生き残ることを優先しています。それでも最後まで勝ち残れることがあるので、戦い方は人それぞれだな、と人生にも通じる考え方をゲームから学んでいます。

近所のカフェでくつろぐ梅田さん。「カフェにタブレットを持ちこんで、文章を読んだりメモをしたりします」

「近所の河原で日向ぼっこをしているところです。太陽の光を浴びてのんびりすると、よい睡眠につながる気がしています」

Q ふだんの生活で気をつけていることはありますか？

体調をくずしてチームのスタッフに迷惑をかけることのないように、健康に気を配っています。最近、睡眠の質を改善するアプリをスマートフォンにダウンロードしました。人間は寝ている間、浅い眠りと深い眠りをくりかえします。これは、睡眠の深さをチェックして睡眠が浅くなったタイミングで起こしてくれるアプリです。よいタイミングで起きると仕事の効率も上がるので、気に入って使っています。

また、人と接することが多い仕事なので、よい印象をもってもらえるよう、意識的に背筋をのばして猫背にならないように心がけています。

	月	火	水	木	金	土	日
05:00	睡眠	睡眠	睡眠	睡眠	睡眠		
07:00	移動			移動			
	空港着	出勤	移動	空港着	出勤		
09:00		メールチェック			出張報告		
	搭乗手続き		関連会社と打ち合わせ	搭乗手続き	メールチェック		
11:00		顧客との打ち合わせ			社内会議		
			食事		食事		
13:00		食事			社内の進捗管理会議		
	飛行機移動			飛行機移動			
15:00		顧客との打ち合わせ	関連会社と打ち合わせ		資料作成		
17:00						休日	休日
	タイに到着	上司への報告	上司への報告	日本に帰国	上司への報告		
19:00	メールチェック	退社	退社	メールチェック	退社		
21:00	食事	食事	食事	食事	食事		
23:00							
01:00	睡眠			睡眠			
		睡眠	睡眠		睡眠		
03:00							
05:00							

梅田さんのある1週間

海外への出張が多く、不規則な生活になりがちだ。プロジェクト全体の進捗管理を行うためにはまず、自分自身の日々のスケジュール管理と健康管理が欠かせない。

Q 将来のために、今努力していることはありますか？

プロジェクトエンジニアは、いろいろな部門の専門家とともに働くので、浅くとも広い知識をもっている必要があり、いくら勉強しても間に合わないくらいです。それに加えて、私自身が自分の専門分野以外でももっと深い知識を身につけたほうがよいと考えています。そうすれば、いろいろな分野が複雑にからみあった問題でも、効率よく対応できるのではないかと思うからです。そのため、法律、物理、化学の分野について勉強し、資格をとりたいと考えています。

英語力も高めたいです。今もそれなりに話せますが、アメリカやヨーロッパなど英語が母国語の人のようには話せません。世界のだれとでも仲間になれるように、さらに語学力をみがきたいです。

東京本社には、日立造船が手がけるプラントの模型が並ぶ。「地域にも地球環境にも優しい発電所を、数多く建設していきたいです」

創業者の像の前で。「実業家エドワード・ハズレット・ハンターが1881年に大阪で造船業を始めたのが、日立造船の始まりだそうです」

Q これからどんな仕事をし、どのように暮らしたいですか？

何歳になっても、楽しく仕事をしたいですね。仕事は難しくて大変なことばかりですが、そのなかでも楽しいことを見つけることができますし、困難をのりこえたときの喜びはすばらしいものです。

仕事とは「お金をもらって、つらいことをがまんしてやること」と考える人もいますが、それは思いこみだと思います。私のまわりには、自分の好きなことや得意なことを仕事にしている人がたくさんいます。その方が仕事の成果が出やすいと思います。私は10年後も今の仕事をしていたいので、つねに自分が楽しい状態でいるための努力を続けるつもりです。

また、最近結婚したので、仕事と家庭の両立も目指します。エンジニアの父のことを尊敬していますが、子どものころ、父が家にいないことをさびしく感じたこともありました。私も海外出張などで家を空けることが多いですが、人生は長いので、なるべく仕事ばかりにならず、家族といる時間も大切にしたいと考えています。

エネルギープラントのプロジェクトエンジニアになるには……

プラントメーカーやプラント設計会社に就職する必要があります。高度な専門知識と技術が必要なので、大学の理工学部や高等専門学校の卒業以上の学歴、海外生活の経験を採用の条件とする企業が多いようです。ごみ焼却発電に関わる仕事を目指すなら、応用化学や機械工学を学べる学校を探すとよいでしょう。

高校
↓
大学・高等専門学校
↓（大学院を経由、または直接）
大学院
↓
エネルギープラントのプロジェクトエンジニア

子どものころ

Q 小学生・中学生のとき、どんな子どもでしたか？

いちばん得意な教科は物理と化学でした。身のまわりの現象をすべて理論的に説明できるのがおもしろいと感じていましたね。

印象に残っているできごとは、中学校の入試のときに面接で「タイムカプセルがあったら何を入れますか」と質問をされて、とっさに「川の汚い水」と答えたことです。今の環境を将来の人に伝えたいから、というのがその理由だったんです。小学校で受けた環境問題の授業が頭に残っていたんだと思います。今思えば、このころから環境の問題に興味があったんですね。

一方、英語の授業は好きでしたが成績は悪かったので、今海外で仕事をしていることは、自分でも信じられません。中学、高校と全体的に成績が悪く、塾に行ったり、好きなことをがまんしたりしましたが、とくに成績がよくなることはありませんでした。長年両親を悩ませていましたが、大学生・大学院生になってから別人のように勉強し始めたので、ふたりともおどろいていました。

梅田さんの夢ルート

小学校・中学校 ▶ プロスポーツ選手

野球が好きだったので、甲子園に出てプロのピッチャーになりたかった。バスケットボールにも興味があった。

▼

高校 ▶ イヤホンメーカーのエンジニア

初めておこづかいで買った、高級イヤホンの音質に感動した。

▼

大学 ▶ とくになし

ラクロス※に夢中だった。

▼

大学院 ▶ 世界で活躍するエンジニア

プラント建設のエンジニアになりたくなった。

中学時代、バスケットボール部のみんなと。前列左から3番目が梅田さん。

「友だちの影響で洋楽ばかり聴いていました。いちばん好きだったのは、アメリカのロックバンドBon Joviの『One Wild Night 2001』という曲です」

Q 子どものころにやっておけばよかったことはありますか？

中学時代、バスケットボール部に所属していたのですが、個人技ばかりをみがこうとしていたことが悔やまれます。戦術やチームメイトを活かす方法を考えてプレーしていればもっと強くなれたかもしれないので、もったいなかったです。

高校時代には、勉強がおろそかになってはいけないと、母からバスケ部に入ることを禁止されました。でも結局、成績は上がらなかったので、人に言われて仕方なくやっても大きな成果は出ないのかもしれないと感じました。

大学時代にはラクロス部に所属し、チームメイトとラクロスに打ちこみました。大人数でひとつの目標に向かって突き進んだり、厳しい環境に耐えたり、話し合いを重ねて意見をすり合わせたりすることは、今の仕事に通じていると思います。また、仕事がいそがしい時期には体力が必要になるので、部活をがんばってよかったと実感しています。

用語　※ラクロス ⇒ 先端にネットのついたスティックでボールをあやつり、相手ゴールをねらって得点を競う団体球技。

Q 中学のときの職場体験は、どこに行きましたか？

学校の近くにある商店街の靴屋に行きました。自分から希望したわけではなく、学校が用意した体験先に自動的にふり分けられた記憶があります。

クラスの友だちとふたりで靴屋に行き、販売員の仕事内容を教えてもらいました。そこでお店のエプロンをつけて接客の練習をしてから、売り場に立たせてもらいました。

Q 職場体験ではどんな印象をもちましたか？

お客さんが来たらあいさつをしましたが、その次の言葉が出てこなくてあせりました。その後、お店の方が話し始めるのを横で聞いて、「こうすればよかったのか、プロはちがうな」と勉強になりました。

靴屋の職場体験をするまでは、自分がはくような運動靴以外をじっくり見たことはありませんでした。でも、靴にはいろんな種類があることと、色、デザイン、はき心地など、お客さんによって選ぶときに何を重視しているかがちがうことに気がつきました。ふだん勉強や部活しかしない中学生にとっては、少しでも社会を学ぶよいきっかけになったと思います。

Q この仕事を目指すなら、今、何をすればいいですか？

常識にとらわれず、自分で考えて行動するくせをつけることが大事だと思います。英語力に関していえば、将来、高性能な同時通訳アプリが開発されるかもしれません。ですので英語力も大切ですが、迷ったときにその都度自分で考え、勇気をもって取捨選択できることが、より大切です。世の中がどう変わるか、予想するのが難しい時代だからです。

機会があれば、学級委員や部長など、リーダーの役割を経験しておくことをおすすめします。目標をどこに設定し、意見がちがう人どうしをどうまとめるのか。正解はありませんから、自分の個性を知るきっかけにもなるはずです。

ー今できることー

プラントの建設は、ときには何千人もの人が関わる大がかりな仕事です。部活動や委員会の活動など、仲間と協力して行う活動に積極的に参加して、状況を見ながら自分のやるべきことを決める力をみがきましょう。また、海外でプラント建設を行うので、さまざまな国の特徴を理解しておくことも大切です。海外の文化や地域の特性に興味をもち、本や雑誌を読んだり、ニュースを見たりして、海外の情報を集める習慣を身につけておくとよいでしょう。

依頼主や多くの専門家との話し合いをくりかえしながら進める仕事です。語彙力や表現力を養い、自分の考えを正確に伝えられるようにしましょう。

公民分野の現代社会や国際問題などについて、よく学びましょう。海外の建設現場で働く際には、現地の気候や地理に関する知識も必要です。

運動とエネルギーに関する知識を習得しましょう。建設の仕事の基礎となります。

英語を聞く力、話す力、書く力、読む力をのばして、世界各地の人と英語でコミュニケーションをとれるようにしましょう。

File No.221

ネットワークインフラエンジニア

Network Infrastructure Engineer

私たちはインターネットを使って、さまざまなサービスを利用しています。インターネットの通信回線を、安定的に利用できるように整備する仕事があります。「au」というブランド名で通信サービスを提供しているKDDIの見舘空椰さんにお話を聞きました。

Q ネットワークインフラエンジニアとはどんな仕事ですか？

ネットワークインフラエンジニアは、インターネットにいつでもつながる環境を整える技術者です。

だれもがスマートフォンを持つ今、インターネットから情報を得ることは当たり前となり、安定した通信回線システムは重要なインフラです。通信回線とはコンピューターどうしが情報をやりとりする通り道のことで、インターネットとは、無数の通信回線による世界規模のネットワーク※の集合体のことをいいます。

スマートフォンでは、通信に電波が使われています。この電波は数kmの範囲にしか届かないので、インターネットに接続しようとすると、まず、自動で近くにある基地局と情報のやりとりが行われます。KDDIはたくさんの基地局を自社で整備していて、基地局と他社のコンピューターを中継するためのコンピューターもたくさんもっています。

ぼくの仕事は、auサービスを利用するお客さまがつねにインターネットにつながることができるように、設備を整えることです。そのために、どこにどんな役割のコンピューターを何台配置して、どう連携させたらよいかを考える「ネットワーク設計」と、実際に配置したコンピューターが問題なく機能するかどうかを確かめる「検証」を行っています。

つねに新しいコンピューターが開発されているため、新しい技術に合わせたシステム変更が必要になります。ぼくは今、6名でチームを組んでシステム変更を担当し、auサービスの中心部分を支えています。

見舘さんのある1日

- 08:30 出社
- 09:00 メール・チャットの確認
- 10:00 朝会
- 11:00 社内打ち合わせ
- 12:00 ランチ
- 13:00 機器メーカー担当者と打ち合わせ
- 15:00 ネットワークの検証
- 17:30 事務作業をして退社

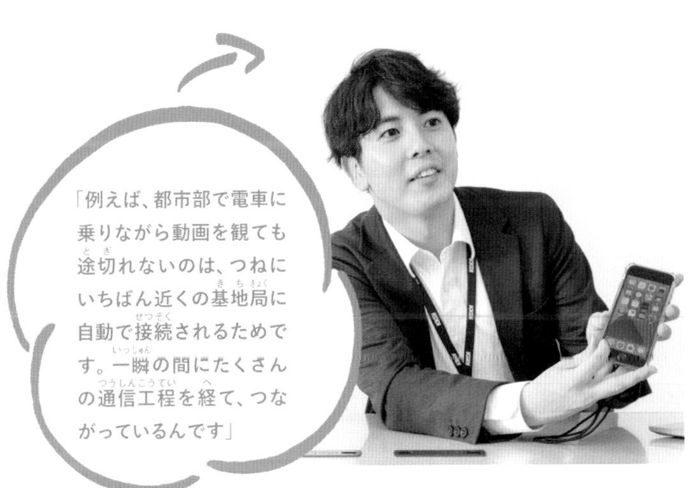

スマートフォンで動画サイトにつながる仕組み

KDDIのauサービスを使っているスマートフォンから発信をすると、近い場所にある「基地局」とよばれる通信機器に信号が届く。基地局では、受けた信号を、たくさんのコンピューターからなるauの設備につなげる。信号が、瞬時にたくさんのコンピューターを経由して動画サイトを管理するコンピューターにたどりつくことで、スマートフォンの画面に動画が表示される。

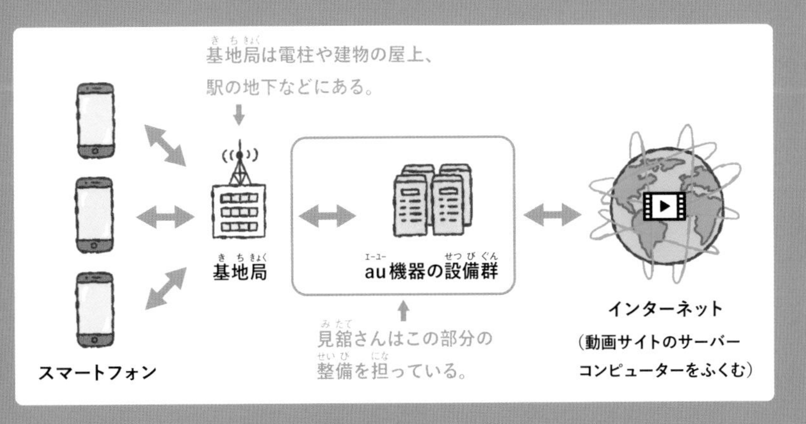

用語　※ ネットワーク ⇒ 多数のコンピューターや情報機器がたがいにデータのやりとりを行うことができる通信環境のこと。

仕事の魅力

Q どんなところがやりがいなのですか？

スマートフォンやパソコンを使っている人を見るたびに、大勢の人の生活の一部を、ぼくが支えているんだという実感を得られるところです。直接だれかを助けているわけではありませんが、見えないところでつねに人の役に立っていると思うと、自分の仕事に誇りをもつことができます。

また、快適な通信環境をつくるために、さまざまな問題を解決していく過程に楽しさを感じます。難問を解くわくわく感と、それによってよりよいものが生まれる充実感も、やりがいとなっています。

Q 仕事をする上で、大事にしていることは何ですか？

すべての作業をしっかりと確認しながら行うことです。例えば、通信回線の設定を少し変更するだけという場合でも、何百もある設定項目の全部を理解し、見直して、ほかに影響が出ないかを確認します。インターネットは通信回線によって無数のコンピューターとつながりあっているので、ひとつのミスですべてのやりとりを止めてしまう可能性があるからです。

利用者のために、早く設定を変更して使いやすくしたいというあせる気持ちをおさえて、入念にチェックを行います。

コンピューターのメーカーの担当者と打ち合わせをする。性能のよいコンピューターができれば、今あるものと入れかえることもある。

同じ業務を担うチームの仲間と雑談をする。ほかの部署と連携をするためにも、まずはチームの結束が欠かせない。

Q なぜこの仕事を目指したのですか？

大学時代に、専攻していた通信技術の研究活動として、農業を支援するプロジェクトに取り組みました。農家の方の悩みを聞き、通信技術での解決に挑んだのです。

実際に話を聞くと、自宅と田畑の距離がはなれていて、作物の成長を毎日確かめに行くのが大変だということがわかりました。そこでぼくは、畑にセンサーを設置し、家にいてもパソコンの画面を通して遠くの田畑の状況がわかるように、田畑と自宅をコンピューターでつなぐネットワークをつくりました。気温はもちろん、土の温度や水分量、光の強さなど、作物の成長に関わるデータがネットワークを通してパソコンに表示される仕組みです。このプロジェクトは農家の方に喜ばれ、ぼくにとっても勉強になりました。

このときから、より大きなネットワークインフラの開発に関わりたいと思うようになり、今の仕事を選びました。

新しくつくったネットワークを検証する。「つくるべきものと自分がつくったものを見比べるには、大きな画面で見るのが便利です」

Q 今までにどんな仕事をしましたか？

入社して最初に担当したのは、スマートフォンの音声通話のネットワーク設計です。

通信回線を使った音声通話の場合、ネットワークが不安定だと、会話の途中で音声が途切れてしまうことがあります。そういった不具合が起きにくいように、通信回線の仕組みを改良しました。また、緊急通報の110番や119番につながりやすくするためのネットワーク設計も行いました。

Q 仕事をする上で、難しいと感じる部分はどこですか？

行っている業務の責任が、とても重いところです。

作業のひとつのミスが、何百万人ものお客さまの生活に影響をあたえかねません。そのため、つねに緊張感をもって仕事にあたっています。新しいコンピューターを導入するときは、何事も起こらず、無事に切りかわるか、不安です。

不安を和らげる唯一の方法は、開発の段階からひとつひとつ丁寧に仕事を行い、充分な確認作業を行うことです。切りかえの期日が迫っていたり、不具合を早く解消したいとあせっていたりすると、ミスに気がつかない場合があります。そうならないよう、自分の気持ちをコントロールすることが、難しいと感じます。

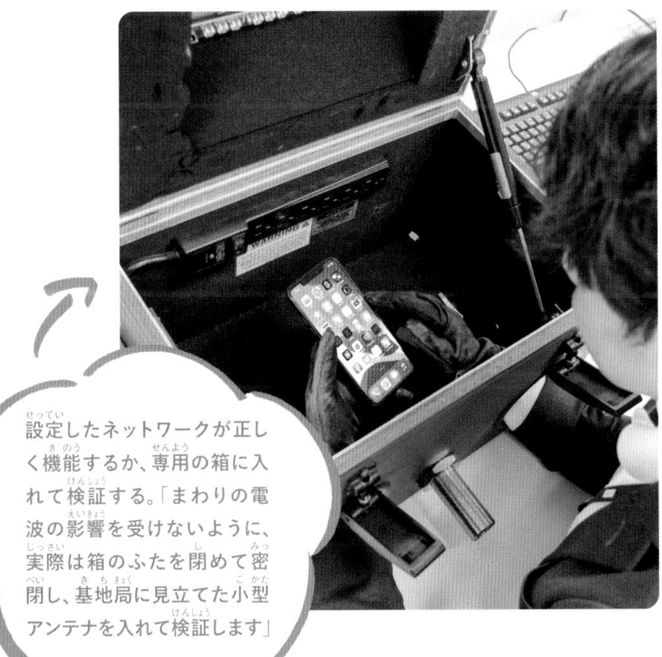

設定したネットワークが正しく機能するか、専用の箱に入れて検証する。「まわりの電波の影響を受けないように、実際は箱のふたを閉めて密閉し、基地局に見立てた小型アンテナを入れて検証します」

Q この仕事をするには、どんな力が必要ですか？

妥協せず、細部まで気を配る力が必要です。

ふだん、スマートフォンやパソコンを使っていて、インターネットにまったくつながらないということは、あまりないはずです。これは、ぼくたちネットワークインフラエンジニアが、大きなトラブルになる前の小さな異変を見逃さず、つねに改善しているからです。

通信回線を行き交う情報データの量はどんどん増えています。今は問題なく使われている通信回線も、そのままにしていると情報量に対応しきれなくなり、交通渋滞のように流れが滞ってしまうかもしれません。そんなことが起きないように、ぼくたちは、つねに今よりよくするための方法を考えています。現状に満足せず、先のことを考えて物事に向かう姿勢も大事なことだと思います。

PICKUP ITEM

リュック型の通勤バッグには、ノート型パソコンと無線イヤホンが入っている。無線イヤホンは、社内・社外でのオンライン会議で使う。また、健康やリフレッシュのために、見舘さんはよく水を飲む。ドリンクボトルにつねに水を入れて持ち歩く。

毎日の生活と将来

Q 休みの日には何をしていますか？

最近はゴルフがおもしろくて、練習場に行ったり、コースに出てラウンドを楽しんだりしています。ボールがうまく当たって遠くまで飛んだときが爽快なんです。運動不足の解消にもなって一石二鳥ですね。

また、コーヒーも大好きなので、休日は豆から挽いてゆっくりした時間を過ごすことも多いです。家の近くにカフェがあり、そこで売られているブレンドコーヒーが今いちばんのお気に入りです。

コースに出てクラブをにぎる見舘さん。「よく歩くので、健康的なスポーツだと思います」

「散歩に出るときにはカメラを持ち歩きます。被写体を探しながら歩くと、季節の移り変わりにも目がとまりますね」

Q ふだんの生活で気をつけていることはありますか？

新しい技術や情報を把握しておくため、エンジニア向けのWEBニュースをチェックします。そして、自分の仕事にどう活かせるかを考えるようにしています。

そのほか、WEBの記事や本など、エンジニアとして活躍されている方の体験が書かれたものを読みます。難問に直面したときにどう対処して解決したのかなどの記事は、業界はちがっても同じエンジニアとして参考になりますね。

また、なるべく運動するようにしています。いつも座って作業をしているので、じつは入社してから体重が急に増えてしまったんです。ゴルフも運動になりますが、それでは足りないと感じていて、最近は仕事が終わった後にスポーツジムに通っています。

見舘さんのある1週間

	月	火	水	木	金	土	日
05:00	睡眠	睡眠	睡眠	睡眠	睡眠		
07:00							
09:00	メール確認	メール確認	メール確認	メール確認	メール確認		
	朝会	朝会	朝会	朝会			
11:00	資料確認	検証資料作成	会議	検証資料作成	作業		
	昼休み	昼休み	昼休み	昼休み	昼休み		
13:00							
	会議	検証	打ち合わせ	検証	作業		
15:00							
17:00	資料作成	日報作成	資料作成と確認	日報作成	日報作成	休日	休日
	退勤・帰宅	退勤・帰宅	リモートワーク終了	退勤・帰宅	退勤・帰宅		
19:00			食事				
	食事	食事		食事	食事		
21:00	ジム	テレビ/映画鑑賞	ジム	テレビ/映画鑑賞	ジム		
23:00	資格の勉強	資格の勉強	資格の勉強		資格の勉強		
01:00							
03:00	睡眠	睡眠	睡眠	睡眠	睡眠		
05:00							

週休2日の規則正しい生活を送っている。ただし仕事がいそがしかったりトラブルがあったりすると、徹夜作業になることもある。

Q 将来のために、今努力していることはありますか？

ネットワークインフラについて高度な知識を持つエンジニアであることを証明する「CCNP」という資格があります。この資格の取得を目指して、勉強しています。CCNPは、シスコシステムズ社という世界最大の通信機器メーカーが提供している資格です。ネットワーク事業に関連する企業の多くでこの会社の製品が使われており、そうした会社が提供する資格であれば技術を学ぶのにもよいと思い、挑戦することにしました。

試験勉強のほかに、英語の勉強もしています。インターネットを技術面で支えている会社は、海外にも多くあります。そのため、コミュニケーション手段のひとつとして英語は欠かせません。

Q これからどんな仕事をし、どのように暮らしたいですか？

あまり人が住んでいない地域や山のなかなどでは、無線の電波が基地局まで届かないことがあります。そのような場所では、インターネットが使えず、スマートフォンでの通話もできません。そんな不便を解消し、いつでもどこでも不安なく使えるネットワークインフラをつくるのが、ぼくの目標です。

この目標は、日本国内に限った話ではありません。世界にはまだまだネットワークインフラの整っていない国がたくさんあります。ぼくたちの会社では、ミャンマーやモンゴルなどの国でも通信サービスの事業を行っています。ぼくもエンジニアとしてできることを考え、世界を舞台にさらなる挑戦をしていきたいです。

地域の特徴や習慣などを学びながら、社会に貢献することができれば、自分自身の成長にもつながると思います。学んだ知識や技術をどう活用するか考え、人に喜ばれる仕事をしながら暮らすことができたらうれしいです。

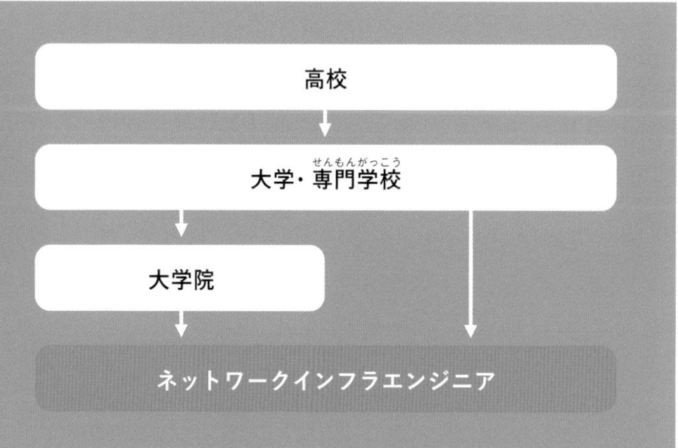

ネットワークインフラエンジニアになるには……

通信回線に関する設備の知識や、電気通信、コンピューターの基本設計など、はば広い専門知識が求められます。大学の情報システム学部などで学んだり、専門学校でプログラミングを学んだりすると、仕事に役立ちます。ネットワーク整備の業務を行う会社に就職して、経験を積む人が多いようです。

高校
↓
大学・専門学校
↓（大学院へ、またはネットワークインフラエンジニアへ）
大学院
↓
ネットワークインフラエンジニア

子どものころ

Q 小学生・中学生のとき、どんな子どもでしたか？

小学生のころ、友だちに誘われて地域のバスケットボールチームに入り、夢中になって練習していました。

中学時代の部活も、もちろんバスケットボール部です。バスケ経験者として、初めて取り組む人よりも楽しむ余裕をもつことができました。家の駐車場が広かったので、父にバスケットボールのゴールポストを設置してもらい、学校が休みの日でも、弟と練習をしていました。

そんな毎日を過ごしていたので、勉強はまじめに授業を聞くことと、宿題をすることくらいしかしていませんでした。3年生になって部活を引退したあとは放課後に時間ができたので、少しだけ受験対策の勉強もしました。ですが、家でのバスケの練習もいつも通り続けていました。高校はバスケの推薦枠で入ることができたので、がんばって練習したかいがあったと思っています。

中学1年生のときの見舘さん。運動が得意だった。

バスケットボールに夢中だったころ。プロ選手になるのが夢だった。

見舘さんの夢ルート

小・中学校 ▶ バスケットボール選手

小学生時代は地域のバスケットボールチームでプレーし、中学では部活動に夢中だった。

▼

高校 ▶ とくになし

プロ選手になることの厳しさを知り、あきらめた。

▼

大学 ▶ プログラマーまたはエンジニア

学ぶことが楽しくなり、学びながら成長できそうなプログラマーまたはエンジニアに関心をもった。

▼

大学院 ▶ ネットワークインフラエンジニア

大規模なネットワークを支えるエンジニアになりたくなった。

Q 子どものころにやっておけばよかったことはありますか？

ぼくは、わからない問題が解けたときの達成感が好きで、数学や理科ばかり勉強していました。でも、ほかの科目ももう少しやっておけばよかったと思います。なぜなら、高校、大学と進むにつれて専門分野の勉強が増え、ほかの科目の知識が必要な場面が訪れたときに、そのたびにいちから勉強し直さなければならなかったからです。

働くようになってからは、とくに国語や社会の科目を学ぶ必要性を感じています。言葉の選び方や表現方法をまちがってしまうと、正しく理解してもらえないことがあるからです。反対に、話を聞くときも、相手の言っていることを理解できるだけの語彙力や社会的な基礎知識がないと、求められている結果にたどりつけません。中学校で学ぶ主要5科目には、大切な基礎知識がつまっていると感じます。

Q 中学のときの職場体験は、どこに行きましたか？

1年生の夏休みに、好きな仕事を観察してくること、という宿題があり、電気工事士として働く父の職場に行きました。

また、2年生か3年生か、どちらだったか覚えていないのですが、夏休みに職場体験の宿題がありました。このときは先生が用意してくれた行き先の候補のなかから好きな職業を選び、自分で連絡することも体験しました。ぼくは、大好きなハンバーグを自分でつくって食べられると思い、レストランを選びました。

Q 職場体験ではどんな印象をもちましたか？

父のことは、家にいるときの姿しか知らなかったので、働いている姿を見て、すごいなと思いました。仕事の内容までくわしくは理解できませんでしたが、お客さんのために何かをしているということだけはわかり、父を誇らしくも感じました。

レストランでは、ぼくが手伝ってつくったハンバーグを、お客さんが喜んで食べてくれたのがうれしかったです。今思えば、人に喜んでもらうことが自分の喜びにもなるのだと気づいたのも、このときだったのかもしれません。

Q この仕事を目指すなら、今、何をすればいいですか？

ネットワークインフラエンジニアは、つねに新しい技術や知識を学んでいかなければならない仕事です。一方で、勉強は楽しいものという感覚があれば、楽しみながら続けられる職業でもあります。

もし今、勉強をつまらないものと感じているとしたら、その感情を上まわるような楽しい体験を、学びで経験する努力をしてください。1科目だけでもがんばって勉強し、テストで100点をとることができたら、まわりの人からほめられてうれしくなり、勉強への印象が変わるかもしれません。

勉強の楽しさを知る努力をすることこそが、中学生時代にやっておくべきもっとも大切なことではないかと思います。

― 今できること ―

ひとりで黙々と作業をするよりも、チームで対応することが多い仕事です。部活動や行事の実行委員会などに積極的に参加し、チーム全体でよい働きをする感覚を身につけましょう。また、仕事に新しい技術を取り入れるには、つねにアンテナを張ることが欠かせません。魅力的な製品やサービスなど生活のなかで新しいもの・新しいことに出合ったときに、「これは何だろう？」「何のための仕組みかな？」と好奇心を働かせて、さまざまな情報をキャッチすることを心がけましょう。

グループで話し合う授業には積極的に取り組みましょう。仕事をスムーズに行うために欠かせない学びです。

数式を使ってあたえられた問題を解く作業は、ネットワークを設計するときに役立ちます。「数と式」「関数」などをよく学びましょう。

第1分野の科学技術の発展について勉強しましょう。科学技術の発展の過程を知るとともに、科学技術が人間の生活を豊かで便利にしてきたことを学べます。

海外で働くエンジニアとコミュニケーションをとるときに、英語は必要です。まずは、日常会話から身につけましょう。

仕事のつながりがわかる

ライフラインの仕事 関連マップ

ここまで紹介したライフラインの仕事が、
それぞれどう関連しているのか、見てみましょう。

P.20
送電用鉄塔工事の現場監督
電力会社の依頼を受け、鉄塔の建設やメンテナンス、鉄塔に電線を架ける工事を行う。職人に指示を出し、現場をまとめる。

受注

石油販売会社

P.4
原油調達オペレーター
原油を産油国から日本へ運ぶ際、必要になる手続きや日程調整を行う。

連携

製油所作業員
調達した原油を精製してガソリンなどの石油製品を製造。原油調達の計画と需要に基づいて作業する。

供給

ガソリンスタンド販売員
製油所で精製したガソリンを消費者に販売。在庫がなくなりそうなら会社本部に相談する。

エネルギープラント建設会社

設計技術者
お客さんが求めるごみ焼却発電プラントに必要な設備を調査し、各設備とプラント全体の設計を行う。

連携

P.28
プロジェクトエンジニア
建設計画を立て、チームをまとめる。設計技術者や現場の作業員に指示を出す。

連携

営業担当
国内外の官公庁や企業にごみ焼却発電プラントの建設を提案し、建設費用の見積もりを出す。

※このページの内容は一例です。会社によって、仕事の分担や、役職名は大きく異なります。

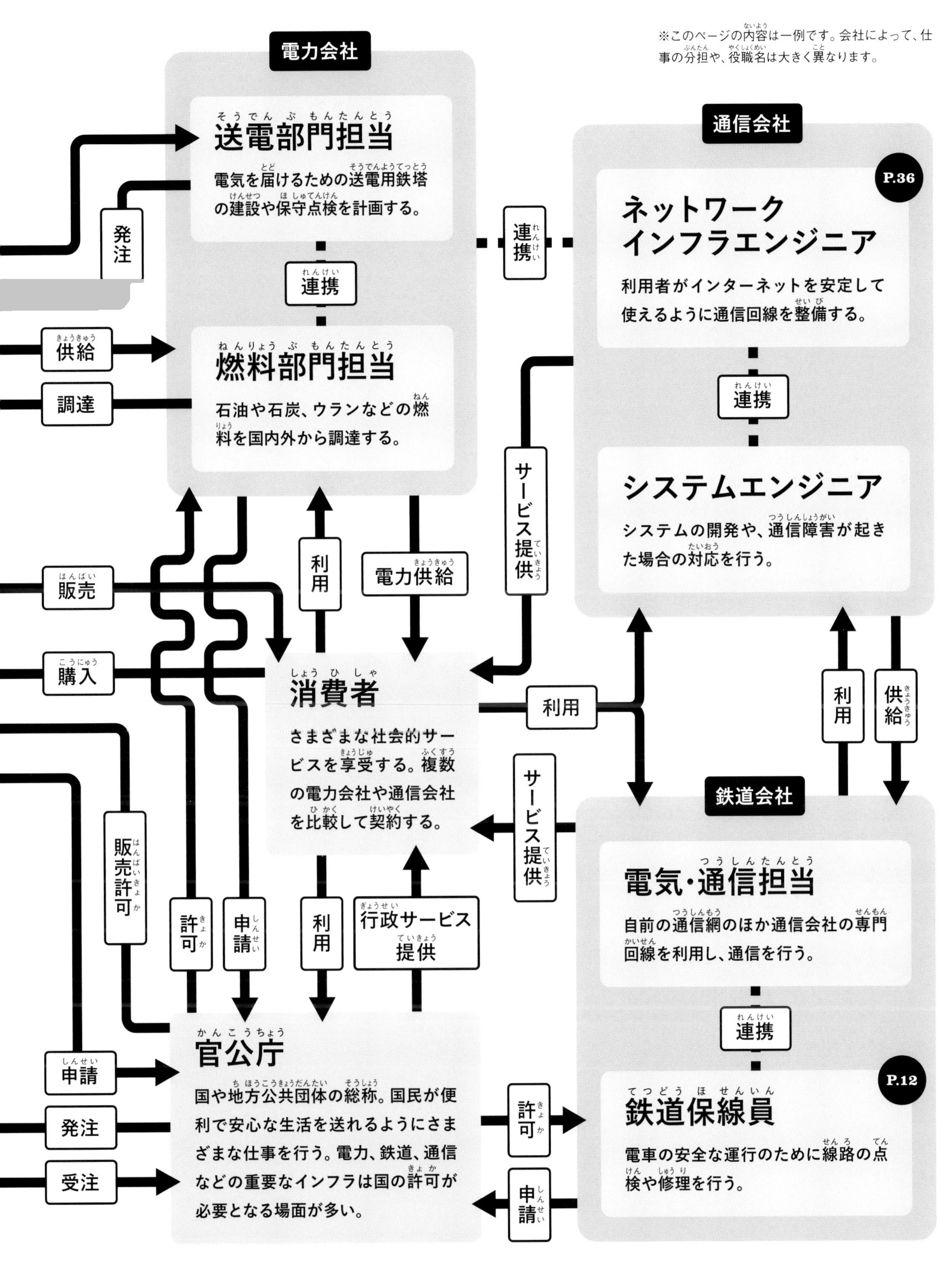

これからのキャリア教育に必要な視点 38

ライフラインを守ることは社会を支えること

自然災害の多い日本

近年、世界各地で自然災害が発生しています。大きな要因のひとつに気候変動が指摘され、生きものにとって大きな脅威となっています。なかでも日本は災害の多い国として知られ、大規模な自然災害が毎年のように起こっています。

自然災害時にその重要性が強く認識されるのが、電気やガス、上下水道、交通、通信設備などのライフラインです。近年の日本では、停電や断水などにより、ライフラインが被害を受けることも増えています。また、国内のライフライン設備の多くは1955年以降の高度経済成長期に集中的に整備されたため、老朽化が問題になっています。

水や電気、ガスだけでなく、発電や輸送時の燃料となる石油製品の流通もライフラインの一部とみなされ、安定供給がますます重要になっています。そのためこの本では、海外からの原油タンカーを導く原油調達オペレーターにも登場してもらっています。

非常時も安心できる社会に

自然災害が起きないようにするのは難しいですが、ライフラインの整備や災害後の迅速な復旧作業により、被害をおさえることは可能です。

例えば2022年３月に福島県沖を震源とした東北地震が発生し、東北自動車道の路面に亀裂が入るなどの被害が出ました。しかし、NEXCO 東日本がすぐさま復旧工事を行い、地震発生から16時間後には応急処置が完了。全線で通行が可能になったのです。

さらに、通信網の対策も進んでいます。2011年に発生した東日本大震災では、地震や津波による被害とその後の停電などにより、通信サービスの維持が非常に困難な状況となりました。緊急時に外部からの情報が遮断されると、被災地は孤立し、事態の悪化をまねきます。そこで総務省は、非常時にスマートフォン利用者が契約キャリア以外のインターネット通信を利用できる「事業者間ローミング」の導入

インフラ輸出における日本の現状と目標

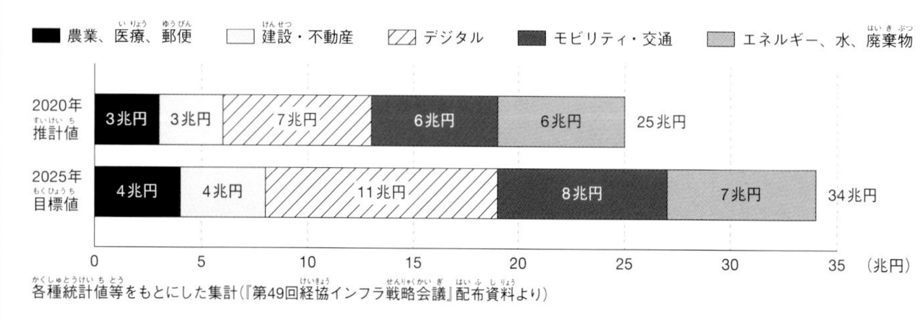

各種統計値等をもとにした集計（『第49回経協インフラ戦略会議』配布資料より）

インフラシステムの輸出について、政府は左の図のような目標をかかげている。2020年に25兆円だった受注金額を、2025年には34兆円に増やす考えだ。なかでも総務省が管轄するデジタル分野の躍進が期待される。官民連携のもと、世界の膨大なインフラ需要を日本経済に取りこもうと意気込んでいる。

写真提供:岳南建設

大分県と宮崎県にまたがる、けわしい山中に並ぶ日向幹線の50万ボルト送電鉄塔。全長約124kmのルートに約290基の鉄塔が新設された。2014年に着工されたが、途中、大型台風や集中豪雨にみまわれ一時中断。2022年に運用を開始し、災害や事故の際にも九州全域に安定して電力を供給する体制が整った。

を検討しています。この提案にNTTドコモ、KDDI、ソフトバンク、楽天モバイルの携帯大手4キャリアが賛同し、近い将来、自然災害や通信障害の発生時に、事業者間ローミングを行えるようになると見込まれています。

海外に求められる日本の技術

数々の自然災害をのりこえてきたことでつちかわれた日本の高度な技術と知識は、世界で需要が高まっています。なぜなら開発途上国をはじめ、ライフラインが整備されていない国が世界にはたくさんあるからです。

国際協力機構(JICA)はタイやイラン、トルコなどの国に災害時の緊急対応の方法を伝えたり、地震や津波の被害を受けた地域の復興を支援したりしています。

この本に登場するエネルギープラントのプロジェクトエンジニアは、タイにごみ焼却発電プラントを建設する仕事を担っています。またネットワークインフラエンジニアは、スマートフォンなどでインターネットサービスをつねにスムーズに利用できるための環境を整える仕事をしています。日本で技術をみがき、いずれは世界で役立ちたいと抱負を語っているのが印象的です。

一見地味で目立ちませんが、このようにライフラインの仕事は、実は世界に貢献できる要素を大いに秘めています。日本では今、およそ400のNGO(非政府組織)が政府と協力して各国の開発援助を行っています。支援の内容は「教育・職業訓練」「開発・貧困」「保健・医療」「環境」「農業・漁業」「飢餓・災害」など多岐にわたりますが、いずれにも、ライフライン整備に関わる仕事の要素が欠かせません。

ライフラインは英語で「命綱」を意味します。社会には、いざというときに国民の命を守るため、昼夜を問わず懸命に働く人々がいます。この仕事を目指す人もそうでない人も、電気はどうやって供給されるのか、鉄道はなぜ時刻表通りに運行されるのかなどについて、目を向けてみてください。当たり前の日常をかげで支える人々に気づくはずです。

PROFILE

玉置 崇

岐阜聖徳学園大学教育学部教授。
愛知県小牧市の小学校を皮切りに、愛知教育大学附属名古屋中学校や小牧市立小牧中学校管理職、愛知県教育委員会海部教育事務所所長、小牧中学校校長などを経て、2015年4月から現職。数学の授業名人として知られる一方、ICT活用の分野でも手腕を発揮し、小牧市の情報環境を整備するとともに、教育システムの開発にも関わる。文部科学省「校務におけるICT活用促進事業」事業検討委員会座長をつとめる。

さくいん

あ

か

さ

た

な

は

【取材協力】

エネオス株式会社　https://www.eneos.co.jp/
東急電鉄株式会社　https://www.tokyu.co.jp/index.html
岳南建設株式会社　https://www.gakunan.co.jp/
日立造船株式会社　https://www.hitachizosen.co.jp/
KDDI株式会社　https://www.kddi.com/

【写真協力】

エネオス株式会社　p5、p9
岳南建設株式会社　p23
日立造船株式会社　p29、p30

【解説】

玉置 崇（岐阜聖徳学園大学教育学部教授）　p46-47

【装丁・本文デザイン】

アートディレクション／尾原史和（BOOTLEG）
デザイン／藤巻 妃・角田晴彦・加藤 玲・石井恵里菜（BOOTLEG）

【撮影】

平井伸造

【執筆】

酒井理恵　p4-11、p44-47
山本美佳　p12-19
鬼塚夏海　p20-27
酒井理恵　p28-35
和田全代　p36-47

【イラスト】

フジサワミカ

【企画・編集】

佐藤美由紀・渡部のり子（小峰書店）
常松心平・鬼塚夏海（303BOOKS）

キャリア教育に活きる！

仕事ファイル38

ライフラインの仕事

2023年4月6日　第1刷発行

編　著　小峰書店編集部
発行者　小峰広一郎
発行所　株式会社小峰書店
〒162-0066東京都新宿区市谷台町4-15
TEL 03-3357-3521　FAX 03-3357-1027
https://www.komineshoten.co.jp/
印　刷　株式会社精興社
製　本　株式会社松岳社

NDC 366 48p 29×23cm
ISBN978-4-338-35901-6

キャリア教育に活きる！

仕事ファイル

第1期 全7巻

① ITの仕事
システムエンジニア、プログラマー
CGアニメーター、プランナー、WEBデザイナー
サウンドクリエーター

② メディアの仕事
映像クリエーター、YouTubeクリエーター、アナウンサー
広告ディレクター、編集者、グラフィックデザイナー

③ ファッションの仕事
ファッションデザイナー
ファッションイベントプロデューサー
カメラマン、ヘア&メイクアップアーティスト
プレス、スタイリスト

④ ショップの仕事
雑貨店店長、アパレルショップ店長
百貨店バイヤー、オンラインモール運営
園芸店店長、書店員

⑤ フードの仕事
レシピサービス運営、調理師、菓子開発者
パティシエ、フードコーディネーター、農家

⑥ インターナショナルな仕事
映像翻訳家、留学カウンセラー、商社パーソン
旅行会社営業、日本ユネスコ協会連盟職員、JICA職員

⑦ 新しいキャリア教育ガイドブック

第2期 全6巻

⑧ サイエンスの仕事
気象予報士、データサイエンティスト
JAXA研究者、JAMSTEC研究者、ロボット開発者
科学コミュニケーター

⑨ 学校の仕事
中学校教諭、特別支援学校教諭、保育士
司書教諭、スクールカウンセラー、文房具開発者

⑩ 住まいの仕事
デベロッパー、建築家、大工、家具職人
プロダクトデザイナー、生活雑貨バイヤー

⑪ 動物の仕事
水族園調査係、WWFジャパン職員、盲導犬訓練士
獣医師、動物保護団体職員、動物園飼育係

⑫ メディカルの仕事
歯科医、フライトドクター、心臓血管外科医
オペナース、医薬品研究者、再生医療研究者

⑬ 伝統文化の仕事
着物デザイナー、江戸切子職人、花火ディレクター
あめ細工師、こけし工人、日本酒蔵人

第3期 全7巻

⑭ マネーの仕事
銀行員、証券会社システム開発、造幣局職員
電子マネー企画、公認会計士
ファイナンシャルプランナー

⑮ スポーツの仕事
スポーツアナウンサー、スポーツマーケター
プロ野球球団職員、スポーツトレーナー
スポーツ用品メーカー営業、eスポーツプレーヤー

⑯ 旅行の仕事
客室乗務員、エコツアーガイド
観光タクシードライバー、日本政府観光局職員
ホテリエ、旅行サイト制作

⑰ 海の仕事
海上保安官、漁師、スクーバダイビングインストラクター
航海士、造船技師、水産食品研究者

⑱ 山の仕事
林業作業士、アウトドアメーカー広報
自然保護官、山岳ガイド、山岳救助隊員、火山研究者

⑲ 福祉の仕事
手話通訳士、点字フォント発明家、介護福祉士
理学療法士、義肢装具士、ケースワーカー

⑳ 美容の仕事
美容師、エステティシャン、ネイルアーティスト
ビューティーアドバイザー、化粧品研究者、美容皮膚科医

第4期 全7巻

㉑ エコの仕事
再生可能エネルギー電力会社広報、フードバンク職員
エシカル商品の企画、国立環境研究所研究員
リサイクル商品ブランディング、フェアトレードコーディネーター

㉒ 鉄道の仕事
鉄道運転士、鉄道運輸指令員、鉄道車両製造
駅弁開発、乗り換え案内サービスシステム開発、鉄道カメラマン